# 飘零岁月

## 李宗仁之子李幼邻访谈录

刘春晖 著

团结出版社

图书在版编目（ＣＩＰ）数据

飘零岁月：李宗仁之子李幼邻访谈录 / 刘春晖著
. -- 北京 ： 团结出版社，2021.3
　　ISBN 978-7-5126-8377-8


　　Ⅰ．①飘… Ⅱ．①刘… Ⅲ．①李幼邻（1920-1993）
—传记 Ⅳ．①K827=75


　　中国版本图书馆 CIP 数据核字(2020)第 207217 号


出　版：团结出版社
　　　　（北京市东城区东皇城根南街 84 号　　邮编：100006）
电　话：（010）65228880　65244790　（出版社）
　　　　（010）65238766　85113874　65133603（发行部）
　　　　（010）65133603（邮购）
网　址：http://www.tjpress.com
E-mail：zb65244790@vip.163.com
　　　　fx65133603@163.com（发行部邮购）
经　销：全国新华书店
印　装：三河市东方印刷有限公司

开　本：170mm×240mm　　　16 开
印　张：13.25
字　数：185 千字
版　次：2021 年 3 月　　第 1 版
印　次：2021 年 3 月　　第 1 次印刷

书　号：978-7-5126-8377-8
定　价：39.00 元

# 楔　子


李幼邻是原国民政府代总统李宗仁与原配夫人李秀文的儿子。

1937 年卢沟桥事变后，幼邻先生负笈远去，长居美国。从此浪迹天涯，寓居他乡，直至 1993 年 4 月病逝。

20 世纪 80 年代末因工作关系，我与幼邻先生频频接触和交往，竟成忘年交。

1990 年初夏，应湖北省老河口市政协邀请，受单位组织委托，我陪幼邻先生沿京广线北上，在荆楚大地上度过了难以忘怀的几天。尔后，我们从枝柳线折回。

杨柳如丝，行客多愁。一路上，幼邻先生思绪难禁，话语滔滔。他谈蒋桂之间几十年来的恩恩怨怨，他谈他与蒋介石及蒋家其他人接触交往的情景，他谈他对国民党桂系其他几个主要头目的印象以及他个人几十年来的人生之旅……

当时，我萌发了要为李幼邻立传的念头。幼邻先生欣然允诺，并答应接受我的独家采访。

1991 年和 1992 年，幼邻先生先后两次回到桂林，一次是参加他父亲诞辰一百周年纪念活动，一次是为他母亲仙逝奔丧。

幼邻先生除了参加有关活动外，他还先后十几次安排时间让我单独采访，有几次甚至从日出谈到日落。

于是，我的采访本上便留下了这位既普通又不普通、既平常又不平常的李幼邻先生的点点滴滴。

其身世沧桑，种种独特遭际，令人慨叹。

正当我将采访笔记整理出来之际，惊闻幼邻先生于1993年4月4日在美国辞世的噩耗，令人怆然涕下。

记得1992年9月8日，他离开桂林登机前曾对我说，以后每年他都要回到桂林住上一段时间，一再叮嘱我要去接站，还开玩笑说到时要拜读我写他的"大作"。

谁料此一别竟成永诀！

情悠悠，魂悠悠。

转眼间人去魂断，空留梦，忆相随。不到经年，母去子随，旧栖新垅，的确令人神伤。

这些年来，由于种种原因，这份专稿竟然沉寂于抽屉内。回想起来，每每揪心。

今将采访李幼邻先生的有关材料整理如次，以飨读者。这一页页稿纸，也献给长眠在异国他乡九泉之下的幼邻先生。

魂兮，安息！

# 目　录

# 第一章　家世与出身

## 幸乎？不幸？

著名历史学家、美国纽约州立大学教授唐德刚先生在《撰写〈李宗仁回忆录〉的沧桑》一文中这样写道：

> "李宗仁是中国近代史上一位屈指可数的政治领袖和英雄人物。读历史的人，纵使以成败论英雄，对这样一位不平凡的历史缔造者，也不能等闲视之。"
>
> （台湾《传记文学》第四十七卷第四期 28 页）

> "历史和命运，三凑六合，却渐次提携他在中国军政两界，逐年上升；终于在国民党政权在大陆的最后一年中，成为国家元首——有历史和正统地位的国家元首。这在中国的传统史学上说，也可说是中国历史上最后的一位'末代帝王'罢。'末代帝王'——尤其是传统的宗法社会转向社会主义社会，这个'转移时代'的'末代帝王'，是任何读史者不能忽视的。"
>
> （台湾《传记文学》第四十七卷第四期 28 页）

本书的主人公就是这个"转移时代"的"末代帝王"李宗仁与原配夫人

李秀文的儿子——李幼邻。

泱泱中华，自盘古氏起，经三皇五帝，又经无数朝代，尔后到唐、宋、元、明、清，上下数千年，九鼎辗转，沧海桑田。

当历史的步伐迈到清朝末年时，国势已呈衰颓，国家已处于极端屡弱和贫窭的状态。在如虎似狼的列强面前，曾经称雄于世的东方雄师，此时只有屡屡割地、赔偿、退让等招数了，给中国近代史留下了耻辱的一页又一页。一次又一次的反清斗争，一场又一场的列强入侵，终于从根本上动摇了清政府二百七十多年的统治。

于是乎，革命党人于1911年10月10日在武昌城头举起了反清大旗，敲响了中国几千年封建专制统治的丧钟，不过数十日就以摧枯拉朽之势推翻了清政府的统治，建立了中华民国政府。

当然，究竟谁是清政府的掘墓人？也许诚如唐朝文学家杜牧所言："灭六国者，六国也，非秦也；族秦者，秦也，非天下也。"清王朝或许也是如此。

然而，与此同时，中华民族也进入了一个多事之秋的时期。先是袁世凯威迫孙中山辞去临时大总统职务，自己取而代之。袁得手时曾信誓旦旦表态："永远不使君主政体再行于中国。"但话音刚落，他就冒天下之大不韪，上演了恢复帝制的丑剧，并打算在1916年元旦正式登基。

于是，以孙中山为首的革命党人和以梁启超为首的进步党人发起了声势浩大的"护国运动"。在举国上下一片讨伐声中和唾骂声中，这位逆历史潮流而动的罪人，终于一命呜呼，结束了当皇帝的美梦。

1916年6月6日袁世凯死后，中国仍无安宁之日，原袁世凯所控制的北洋军阀，旋即分裂为以段祺瑞为首的皖系、以冯国璋为首的直系和以张作霖为首的奉系三个军阀集团。各路诸侯纷纷拥兵自重，占山为王。直皖大战，奉直争雄。到处血雨腥风，遍地生灵涂炭。

此时的中华民国大总统，则成为军阀们争权夺利的工具和傀儡。从黎元洪到冯国璋、到徐世昌、再到黎元洪，你方唱罢我登场。而相当长的时间里，掌握实权的国务总理，则由拥有军事实力的段祺瑞把持。

段祺瑞控制的北京政权，对外投靠日本，对内实行军事独裁，公开宣布"一不要约法，二不要国会，三不要旧总统"。(《天津通讯》《民国大新闻报》1917年7月22日)

于是，立志推翻封建帝制的孙中山先生，于1917年8月召开非常国会，筹建中华民国军政府，树起了反对北方军阀政府的大旗。

9月10日，广州军政府成立，孙中山就任大元帅，它标志着孙中山先生领导的护法讨段运动的开始。

然而，孙中山的北伐计划却被西南军阀们破坏了。

原来，当时南方各省的军阀们，代表着各自集团的政治利益和军事利益，政治投机，反复无常，以扩充自身势力为根本目的。

就说广西军阀陆荣廷吧！1913年7月，孙中山曾争取陆荣廷参加讨袁斗争，但这个壮族出身的"广西王"却通电拥护袁世凯，宣称"只知有国，不知有党"，表示与袁的"国"和"中央"共安危(《广西公报》1913年8月31日，第65期"公电")，并为虎作伥；后来，袁世凯称帝，他又见风转舵，1916年宣布讨袁。1921年陆荣廷又接受北京军阀政府委任，担任广西边防督办，拟向广东发动进攻。此时，孙中山正准备北伐，所以决定先讨伐陆荣廷，使得这位"绿林"出身的"广西王"，终于在1921年7月19日宣布下野，出逃海外。

1921年4月，孙中山再次召开非常国会，决定组织中华民国正式政府，并就任非常大总统，又一次举起了护法讨段的大旗。

可是，由孙中山一手培植的粤军将领陈炯明，却于1922年6月在广州发动了武装叛乱。于是，第二次护法斗争又告失败。

所以说民国初期，是中国历史上的一个非常复杂的时期，也是一个重要的转折时期。它标志着中国几千年封建社会的终结，进入了一个崭新的历史时期。而这个崭新的历史时期所呈现出来的，就是一个烽火连三月、哀鸿遍四野的社会现实。

这是一个军阀割据的时代。

这是一个风雨如磐的时代。

这是一个灾难深重的时代。

我们这本书的主人公就出生在这样的一个时代里。

天将破晓，万籁寂静。

一轮冷月轻轻地挂在广东新会城西的树梢上，满天的星斗经过了长夜的闪烁，不知不觉地消逝在黎明前的夜空里。

不知什么时候，一个身着戎装的身影不声不响地出现在窗棂前。只见他小心翼翼地拉开幔帐，尔后又缓缓地推开了窗户。

但这身影、这动作、这声响，还是让警卫值勤的卫士注意到了：他们的长官起早了。

这位长官便是李宗仁。

此时，李宗仁正以营长之职驻防广东新会，并代理县长职务。

晨风轻轻吹拂着，沁人心脾，让人无比惬意。

李宗仁尽情地呼吸着扑面而来的清新空气，两眼却凝望着那浩渺而深邃的苍穹，久久地伫立着、沉思着……

这些年来，这位怀着一腔热血的广西子弟，1908年考入广西陆军小学第三期，1910年参加了同盟会，1912年升入广西陆军速成学校，当过将校讲习所的队附，也任过小学的体操教员，尔后带兵打仗，冲锋陷阵，出生入死，讨伐称帝一时的袁世凯，讨伐粤督龙济光，曾两度负伤，在护法战争中升为营长。

因此，李宗仁颇受上司赏识，才获得令人钦羡的新会县县长一职。

但此时的李宗仁，除了在战场上冲冲杀杀外，对扑朔迷离的政治理解，尚感到云里雾里，对现实的社会现象甚至还感到一些迷茫。

他琢磨着，辛亥革命已经过去八九年了，虽然这场革命剪掉了清王朝的辫子，结束了绵亘几千年的封建统治，但现实却如一锅乱糟糟的稀粥：

袁世凯窃国去命。皖、直、奉各路军阀相继崛起。云南的唐继尧、广西的陆荣廷以及广东的龙济光无不咄咄逼人。灾难深重的中华大地，你方唱罢我登台，龙蛇混杂。军阀们占山为王，烽烟四起。

他仰天长叹。

他忧心忡忡。

但多年来在战场上你死我活的惨烈厮杀和腐败孱弱的社会现实，使来自于社会底层的李宗仁，有一个非常清醒的基本认识：那就是苦难的中国需要变革，需要革命，需要改换一下天地。烈火在地下运行，炽热的岩浆终将有一天冲腾而起。而在这变革和革命的时代，南北的军阀们都担不起这个重任，唯有广州的革命政权以及孙中山先生的人格力量，使李宗仁在那漫漫长夜中，看到了在那遥远的天际间呈现出的一丝曙光。

诚如历史学家唐德刚先生所言，李宗仁"在二十来岁初主'方面'之时，居然能摆脱旧军人的传统，跳出当时腐化的环境而以新姿态出现。这就是一件那时军人不容易做到的事。"（台湾《传记文学》第四十七卷第四期 28 页）

新会是一个位于广东珠江三角洲的著名侨乡。

据有关史料记载，19 世纪后期，大批挣扎在死亡线上的新会人，为了生计，在严酷现实的逼迫下，告别了妻儿，告别了爹娘，远走他乡，漂泊天涯。中国香港澳门地区，东南亚、美国、加拿大等国都有着新会人的身影与足迹。不少漂泊天涯的新会乡亲，也参加了美国的西部开发。在修筑横贯美国大陆四千八百多千米长的中央太平洋铁路中，先后参加筑路的华人四五万人，病、亡者竟不下万人。

这里，不知饱含了多少新会人的苦难与凄凉。

"美利坚的文明史啊！你渗透着多少华人的血和汗，你使得多少炎黄儿女魂断天涯，抛骨他乡，有朝一日我要见一见你究竟是一个什么模样。"李宗仁喃喃自语。

历史有时竟会与人开玩笑，没想到三十年后，这位曾为新会父母官的李宗仁，自己竟也流落到这个异国他乡。

当然，此是后话。

李宗仁出生在广西临桂乡下的一个贫苦家庭里，他了解农民的疾苦，他深知农村的落后，他也懂得这个社会的贫富悬殊和动荡不安的症结所在。因为他本身就是一个下田劳作的农民，所以他的心始终紧贴着穷苦人。

当时政治腐败，官场污浊，恶势力横行，但凡当官的，先自己捞够了再说。而李宗仁作为驻防一方的军队长官，作为一县之长，洁身自爱，秉公执法，不损自己人格，不图身外钱财，被称颂一时。

至于代理县长一职，李宗仁更感到这是一桩令人啼笑皆非和极不光彩之事。

那时，整个广东政局动荡不安，新省长翟汪宣布上台，老省长李耀汉被逐。新、老省长代表着不同的政治派系，斗争当然呈白热化。

而此时新会县的县长则是老省长的死党，这样的角色自然而然地也就成了这场政治旋涡中的牺牲品。

在几千年封建专制影响下的国度里，处理这样的问题只有动武了，而去执行这一特殊任务的人选恰恰就是李宗仁。

据《新会史话》记载：1919年5月16日凌晨，桂军营长李宗仁奉驻江门的桂系第一游击队统领黄业兴之命，派兵包围县衙，挟贺蕴珊（贺此时为新会县县长）至东门外陈侯祠枪杀。

这件因政治派系斗争而杀人的事，几十年来李宗仁一直惴惴不安，常抱愧疚。

但军人以执行命令为天职。

成者为王，败者为寇。

历史如此，现实何尝不是如此呢？

李宗仁就是在这样一种情况下，代理了一个时期的新会县县长职务。

东方渐渐泛白，满天繁星不知不觉地消逝了，只有高悬的启明星仍在烁烁其华。

许是站得太久了，许是站得太累了，窗前的身影不见了。

李宗仁默默地踱到卧室前的会客厅，划着火柴，点亮马灯，整个客厅倏然亮堂起来。

只见清一色的红木家具，显得凝重而古色古香。墙上还挂着一幅字体工整的条幅，唐太宗的古训赫然入目：

夫以铜为镜，可以正衣冠；

以古为镜，可以知兴替；

以人为镜，可以明得失。

李宗仁在靠着门边的一张红木沙发坐下后，顺手操起了珠江三角洲一带特有的、用竹子做成的"水烟筒"，咕噜咕噜地抽了起来。

顿时，烟雾袅袅升腾。

随着烟火的一闪一灭，李宗仁右腮上那个因枪伤而造成的"酒窝"若隐若现，若明若暗。

那是两年前讨伐广东军阀龙济光时留下的纪念——

龙济光何许人物也？

龙济光原是云南彝族人，1907年孙中山发动广西镇南关（今友谊关）起义，龙派兵镇压。后来，龙升为广西提督，不久后调广东。1912年，龙因效忠袁世凯，被任为粤督。1915年12月，袁世凯复辟帝制，第二年1月就命令龙济光率军西进，抄袭云南。袁世凯病故后，龙单独取消广东独立，宣布听命于北方中央。所以，以孙中山为首的广州革命政权，首先掀起了讨伐龙济光的战争。

那天晚上，战事异常危急。在这紧要关头，作为一连之长的连长却临阵脱逃了。

容不得半点迟疑，这位外号叫"李猛子"的广西人，带领全连孤军与敌作战。他冲锋在前，拼命突围，不料一颗子弹自其右颊射入上腭骨，万幸他命不该绝，子弹却从其左鼻孔出去了……

"英雄生死路，却似壮游时。"

事后，李宗仁才深深感到后怕：军人的脑袋可不就拴在裤腰带上吗？！

他一边抽着烟，一边望着条幅上的古训，咀嚼着、琢磨着、沉思着。

他自忖，在这兵荒马乱的年月，政治扑朔迷离，唯有实力，才能立足，说话也才有分量。

要紧紧拉住部队啊！

可这些日子来，李宗仁的心情却越来越沉重。想想前些年，他带领广西子弟兵转战湘桂，出生入死，尤其在远戍湖南期间，上下一心，所向披靡；而如今，部队驻防富庶之乡后，反倒显得骄懒和松懈了。

"这样下去，部队将来还能打仗吗？"他的心如同灌满了铅一般。

李宗仁不由自主地放下了"水烟筒"，匆匆走到客厅的另一头，急促地敲着门。

"副官！司号出操。"

不到片刻，一位年轻精干的军官已着装整齐地立正在李宗仁面前。

"一连，越野；

二连，劈刺；

三连，器械操；

四连，队列。"

李宗仁干脆利落地下达着命令："你带队执行。"

"我？"副官一愣。因为他深谙自己的长官从来都是身先士卒，一般情况下绝不会缺操，而今天得到的却是相反的答复。

其实，这位精明能干的副官心里也非常清楚，他的长官正急切地等待着他夫人即将临产的消息。

东厢房的灯光亮了整整一夜了。

房内，炭火熊熊，温暖如春。两位中年妇人围坐在炭炉边，一边悠闲地嗑着葵瓜子，一边悄声细语地说着话。

里屋，身怀六甲的李秀文在产床上静静地躺着。

作为一方驻军长官的夫人，李秀文无不感受到这里温馨、舒适、宁静的氛围。

生小孩对一个女人来说，的确是一道神秘莫测的鬼门关。

此时，李秀文已经二十八岁了。但她一点也没有惊恐感和苦痛感，一是非头胎生产，二是终年劳作，体魄健壮，就像一些乡下人所说的那样，农妇生崽好比母鸡下蛋。况且她的丈夫早早地为她找来了接生婆，还专门请了一位中年妇人前来照料。

在丈夫身边生小孩，还有什么可怕的呢？这比在广西临桂乡下生头胎时，简直是一个天上，一个地下。

她悠然地进入了梦乡……

这是一个风和日丽的春日。

李秀文跟着李氏族叔、跟着李宗仁从广东新会派来接她的副官，第一次离开了临桂乡下，第一次走出了广西省的大门，怀揣着喜悦与希望，兴冲冲地与丈夫相会去了。

他们先是从临桂乡下步行到桂林城，尔后取道梧州，从水路直奔新会。

行路，坐轿，乘船。

　　一路春风，心花怒放。

　　李秀文清楚地记得，那天船到新会码头时，正是落日熔金、夕照漫天的时刻。船一拢岸，副官便急匆匆先到营部报讯，族叔则到岸边溜达去了。她独坐船舱，望着汩汩流淌的河水，望着水中的夕阳，无比感慨，无比心酸。

　　丈夫戎马倥偬，自己独守空房。青春夫妻，一别就是几年，谁解其中味？两行热泪不知不觉地从她那红扑扑的脸颊上流了下来。

　　　　兔丝缠蓬麻，引蔓故不长；

　　　　嫁女与征夫，不如弃路旁。

　　　　结发为君妻，席不暖君床。

　　　　暮婚晨告别，无乃太匆忙。

　　　　……

　　李宗仁与李秀文同为广西临桂县两江人，且为前后村庄，相距很近。他们的婚事是按照旧时的"八字"结合的，显然带着浓厚的传统农村色彩。婚后，这对夫妻聚少离多，丈夫征戍在外，在枪林弹雨中厮杀，无暇顾及家室。作为人妻的李秀文，只有老老实实地待在家里，服侍公婆，操持家务，尽着传统的孝道。

　　随着李宗仁在军界的不断擢升，李家的名气也越来越显赫。但对闺中的李秀文来说，却是难耐的万里愁啊。

　　烽火连天，她牵挂着丈夫的生生死死；羌笛声声，她感受着那是前方将士的厮杀声与怨妇的哀鸣声。

　　春来了，她看见四野的青草绿了，山上的花儿开了，溪边的杨柳尽情地随风飘荡。看看左邻右舍的人家，男耕女织，日子虽然恬淡，却也自得其乐。此时，她才真正感受到那种"悔叫夫婿觅封侯"的无奈与寂寞。

　　秋去了，那片片飘零的落叶，那一群又一群南飞的大雁，都构成了秋天的萧瑟与凄凉，每每袭扰着李秀文那颗不平静的心。尤其是前些年得一子不幸夭折后，丧子的痛苦，思念丈夫的急切，无时无刻不在煎熬着她。

但作为旧时的农村女子，李秀文只能偷偷地在闺房里、在孤灯下，把这颗心、这份情、这种恨锁在眉头，埋在心头。

她认为，这就是自己的命。

如今，几年不见的丈夫一下出现在眼前，恍若如梦。

她的脸上飞起了红霞。

丈夫在新会驻防将近一年，她陪伴左右，度过了她一生中最幸福、最甜蜜、最辉煌的时光。

此时此刻，李秀文正静静地躺在产床上。

一颗母亲的心跳动在躁动的黎明前。

又有一个新的生命将降生在人世间。


这是一个小巧而雅致的庭院。

此时，已无多少花事。但院内依然草木葳蕤，一切充满着无限生机。数根翠竹，枝条楚楚，叶子青青，迎风摇曳着。顽强而倔强的小草，不知冬夏，骄傲地吐着翠、泛着绿。更有那几株桂花树，在瑟瑟寒风中吐放着沁人的馨香……

部队出操操练了。

李宗仁沿着曲曲弯弯的庭院小径，在院子里来来回回地踱着。

他警觉地注意着东厢房的情况。

他急切地等待着新生命的诞生。

这位农民出身的男子汉，这些年在外面虽然接受了许许多多新的思想与观念，也经历了许许多多的世面与风雨，但由于深受儒家思想的影响，他那娶妻养儿、传宗接代、"不孝有三，无后为大"的意识依然根深蒂固。

前些年，长子不幸夭折，作为人父，他感到惋惜和痛苦，更感到着急。

但作为一个征前战后的军人，命系马鞍上，能有多少机会顾及家室呢？

"少妇城南欲断肠，征人蓟北空回首。"当部队开拔到广东新会后，李宗仁便把结发妻子从桂林乡下接来了……

突然，一声清脆的婴儿啼哭声，把李宗仁从沉思中惊醒过来。他以军人特有的机敏，三步并作两步跑进了产房，还没等接生婆反应过来，就不顾忌讳地来到了李秀文的床前。

当得知是弄璋之喜时，他一路笑着跑了出去。

"我有儿子了！我又有儿子了！我李家有后了！"李宗仁兴高采烈地喊道。

李秀文甜蜜地笑了。

东方，晨曦绚烂。

院内，溢满霞光。

## 生日之谜

李幼邻便诞生在这样的岁月、这样的地点、这样的环境里。

从此，就有了李宗仁儿子——李幼邻的历史。

李幼邻说，早在孩提时，他母亲就给他讲过，在他之前还有一个哥哥。一天，有一位算命先生来到家里给他哥算命，问明了生辰八字后，突然停了下来，说是要增加铜板才给算命。他祖母对此非常反感，认为是敲竹杠，不同意再给钱。于是，双方还争吵了起来，他哥的命当然没有算成。算命先生在家人的责骂声中悻悻离去，可这位算命先生临走出门时幸灾乐祸地说，几个月后你们等着瞧吧，看这小子能否闯过鬼门关。

世上事有些竟如此蹊跷，果真几个月后，李幼邻那三岁的哥哥就不明不白地夭折了。

家里人认为是算命先生的邪术所致，李幼邻则认为此事甚为滑稽，是一种迷信。但也令他不解的是：为什么他哥哥夭折的事却被说准了？

由于有了"前车之鉴"，家里人当然不肯把李幼邻的出生时辰告诉他，生怕他也像他哥哥一样，遭受算命先生暗算。在以后漫长的岁月里，李幼邻也曾向母亲打听过自己的出生时辰，但他的母亲始终没有告诉他。

就这样，李幼邻今生今世都不知自己何时出生。

年、月、日、时，古称"四柱"。它各有天干、地支相配，每一柱用两个字代替，故有"八字"之说。按照中国某些传统的说法，根据"八字"就可以测算出一个人的命运。

李幼邻至死都弄不清楚自己的生辰八字，这或许注定了他一生命运的复杂和坎坷，这或许是那个时代、那个形势下的必然。

由李秀文口述、谭明整理的《我与李宗仁》在"生子吉庆"一章中说：

"民国七年二月，我在新会，生下幼邻，他是我与李宗仁唯一的儿子（我曾在结婚第二年生过一个男孩，几个月夭折）以后我便几年不再生养。丈夫在新会时当了营长还兼代理县长之职。"

（《我与李宗仁》漓江出版社 1986 年 11 月第一版 37 页）

谭明是李秀文的侄媳妇，早在谭明初嫁李家时，李秀文就对她疼爱有加。1973 年，李秀文从美国回到桂林定居，她们在一起生活，朝夕相处，也应该说知根知底。笔者曾就李幼邻的具体出生年月与谭明探讨过，谭说她是凭李秀文的回忆推算出来的，至于是否百分之百准确，她也不敢打包票。

如果说李幼邻是"民国七年二月"在广东新会出生，加上十月怀胎这个过程。那么，照此推算，李秀文怀孕的时间大约应为 1917 年春夏的事。

而事实上，从我们掌握的材料中得知，1916 年李宗仁尚在靖国军李烈钧部当排长。1917 年 9 月 10 日，孙中山在广州就任大元帅，宣告着广州军政府成立，也标志着孙中山领导的护法讨段运动的开始。"民国六年秋季"李宗仁由广东高州回到南宁，然后北上参加护法战争，并在护法战争中升为营长。之后，他才驻防广东新会并代理县长之职。

由此我们可以说，李幼邻出生于"民国七年二月"之说，是经不起推敲的，甚至说是错误的。

另外，我们再回过头来看看由美国哥伦比亚大学对有关史料"详加核定"而定稿的《李宗仁回忆录》，或许会对李幼邻的出生年月有所帮助。

《李宗仁回忆录》中是这样说的：

> "民国七年1月3日"，孙中山先生在广州"怒轰观音山"，"2月26日"，海军部长程璧光被"刺杀于海珠码头"，不久后即讨伐龙济光。而此时，"本营又远驻湖南"（李宗仁时任该营营长）。"民国八年2月，本营奉命开拔回粤""我们在天字码头附近的花舫上驻了五六天，便奉命开拔往新会县城驻防。"

像如此重要的历史事件记载，时间和事件都很清楚，一般来说不会有太大的出入。而由于时间的久远，往往有些记忆的东西可能会模糊，也可能会忘却，甚至也可能会出现完全失真的情况，毕竟"好记性不如烂笔头"。

从这里，我们也可以分析，李宗仁驻防新会后，才把李秀文接去，加上十月怀胎这个过程，李幼邻的出生时间，满打满算也应该是1920年左右或稍后一些时间的事。

1937年7月7日，当卢沟桥的枪炮声拉开中国人民全面抗战的序幕时，李幼邻出国留学去了。

那天，他到美国驻广州领事馆办签证，当填写到出生年月时，他一下被难住了，自己的父母以及家里其他人从未告诉过他具体的日子，他不知如何下笔。

在领事馆人员的一再催促下，他才犹犹豫豫地写下了以下日期：1918年5月13日。

李幼邻个人像

于是，这个连李幼邻自己都弄不清楚的数字，便成了他今生今世的出生日期。

那时，李幼邻还不懂"13"这个数字在西方是不讨人喜欢、甚至是不吉利的象征。

令人不可思议的是，茫茫大千世界，有些事竟如此巧合。

请看：

1891年8月13日，是他父亲李宗仁的出生日；

1965年6月13日，李宗仁只身飞往欧洲，踏上了回归祖国的辉煌之旅；

1990年5月13日，李幼邻与二女儿一道在桂林为抗战捐躯的将士扫墓；

1990年6月13日，李幼邻人生中的另一位女士由香港飞抵桂林与其会面；

1991 年 9 月 13 日，李幼邻离开桂林途经香港返回美国；

1992 年 7 月 13 日，李幼邻由美国飞香港回桂林为母奔丧；

1993 年，在他第"13"次回桂林探亲后，李幼邻撒手人寰⋯⋯

发生在李幼邻身边如此之多的"13"，真让人猜不透、解不开。就连他父亲离开海外归国时，他给父亲带回的美元也是 1.3 万元。

在李幼邻的父辈中，就数他父亲比较有出息。李宗仁虽然是他父母的第三个儿子，但因长兄早夭，他实际排行老二。

老大李宗唐，寻常百姓，曾先后在南宁、桂林一带经商，1947 年就已经病逝。

老三李宗义，曾与蒋经国先生同一个时期在苏俄留学，因生活不适提前回国，一生无所作为。

老四李宗尧，上海法政大学毕业后留学法国巴黎，攻读政治经济专业，后因病辍学，回国后也一事无成。他与老三均未活到不惑之年，而且前后仅相隔四十天均命归黄泉。

老五李宗藩，抗战时曾任广西桂林地区四县联防办事处主任，于桂林解放前夕反正，后辗转赴港，做起了小生意，贫困潦倒。那时，李宗仁也已流亡美国。骨肉两兄弟，俱为天涯人。李宗藩最后沦为一家工厂的守门人，七十年代在香港悄然去世。

李幼邻说："我祖父是一个教书先生，深受儒家思想影响，正统观念极强。我父亲虽然兄弟不少，但大多没出息，有些又早早病死了。故也就自然而然地看中我们这一脉，我也自然而然地成了我们李家的宠儿了，我的名字就是我祖父起的。我父亲李宗仁，字德邻。作为人子，我便为幼邻了。"

本来，按李氏家族的辈分顺序，到李幼邻这一辈应排为"志"字，族里的人也希望他起一个带"志"字的名字。但李幼邻始终认为，人的名字只不过是一个称谓符号而已，一生拥有一个名字就可以了。

所以，他我行我素，终生只用一个姓和名：李幼邻。

# 第二章　颠沛天涯求学

## 大丈夫驰骋沙场，妻与子颠沛四方

春去秋来，暑尽寒往。

李幼邻一天天长大了，转眼也到入学的年龄了。

打从广东新会出生后，李幼邻的整个幼年除了短暂的军旅生活和因乡乱在上海暂避一年外，基本上是在广西临桂乡下度过的。家乡的绿水青山，乡下田园诗画般的生活，长辈们的百般呵护，使李幼邻在无忧无虑的环境中成长。而父亲对他来说，似乎是遥远的、陌生的、甚至是模糊的。

临桂县，位于桂林市区西南不远处。它的历史，追溯起来比桂林还要久远，故有"先有临桂才有桂林"之说。在这个历史悠久而又人杰地灵的地方，历代以来，文官武将，名人辈出。桂林王城城门"三元及第"的牌坊上，记录着临桂厚实而古老的文化底蕴，诉说着临桂悠悠岁月中的骄傲历史。清朝，这个县曾出过宰相，使临桂名播四野。近代，又出现了李宗仁、白崇禧等风云人物。

另外，临桂县还是一个风景秀丽、景点众多的地方。修建于唐朝武则天长寿元年（公元 692 年）、沟通漓江与柳江的桂柳运河，深陷于一马平川原野中的水仙岩以及气势磅礴的黄沙九滩瀑布等诸多景点，一直以来都是这个县闪光的亮点。

在离桂林城约六十里处的地方，就是临桂县属两江镇。再从两江镇西行六七里，便到了一个李姓聚居的小村落，它叫浪头村。（"浪"的古僻字写法为"林"字中间加个"田"字，意为田林丰茂）

这是李幼邻祖祖辈辈生活的地方。

这也是一个山川秀丽、土壤肥沃的地方。

这就是李幼邻的故乡。

夕阳染红了整个西边的天空，勤劳的人们还在田野上劳作着。直到最后一抹夕阳隐入远山，人们才三三两两歇下手中的农活。炊烟袅袅，牧童短笛。千百年来，这里的人们已经习惯了这种刻板而单调的农家生活。

有一天晚饭后，一位李幼邻称为叔公的长辈把李幼邻母子俩唤了去。

"幼邻妈，今天接到幼邻他爷爷从上海寄来的信，他爷爷说应该考虑幼邻上学的事了。"那位长辈开口说道。

一听到要读书，当妈妈的还没有回话，李幼邻就抢先问："叔公，叔公，我去哪里读书？"

"你想去哪里读书呢？"叔公反问道。

"我也不知道，我听妈妈的。"李幼邻摸了摸小脑袋，眼睛直愣愣地望着自己的母亲。

李秀文沉思了片刻，才缓缓地说："这些日子来，我也常为此事发愁，小孩不读书，总不是个事儿，别人也会笑话。我也听村里人说了，孩子他爹当大官了，总会安排好自己的儿子上学的事。不过……"

李秀文一下没把话说出来。

"不过什么呢？"那位叔公的脸上写满了疑惑。

李秀文停顿了一下，只好低着头说："不过，我们都听爷爷的意见……"

那位叔公一边抽着烟，一边抚摩着李幼邻的小脑袋，对李秀文说道：

"这样吧！他爷爷来信说了，为了孩子将来的前程，也为了你，你还是带上幼邻去桂平吧。这样，对孩子他爹也有一个交代，你以为如何？"

李幼邻的目光一直没有离开过自己的母亲，他看到了母亲已默默点头。但与此同时，他也看到了母亲的双眼里已经噙满了泪水。

夜深了，冷月西坠，几只流萤在窗前飞来飞去，劳作了一天的人们早早地歇息了，整个山乡都睡着了。偶尔传来几声犬吠声，过后，又是死一般的沉寂。只有远处大山里时不时传来的阵阵林涛，显得深沉而悠远。

李秀文辗转反侧，怎么也合不上眼。她的头脑很乱，心里也很烦。小孩已经到了上学的年龄了，可乡下连一所像样的学校都没有，凭孩子父亲如今的身份和地位，总不能让小孩留在村子进如此落后的私塾吧？送小孩到桂林城上学吧？也不可能，因为在桂林城无亲无故。可小孩是李家的后代啊！倘若去李宗仁驻军的桂平那里，而丈夫的床榻上又有一位新人了……

"少年不知愁滋味。"李幼邻听到要去他爸那里读书，兴奋无比，高兴地向村子里的小朋友报信去了，直到夜深时才被母亲叫回家。

望着熟睡的儿子，李秀文却在心里哭泣着。"难啊！实在是难。"泪水一遍又一遍湿透了枕巾。

是啊！今非昔比，今日之丈夫已不是过去的夫君了，不仅官当大了，而且又娶了年轻、漂亮的新人了。

"她会怎样对我这个黄脸婆呢？她会怎样对儿子呢？"作为一位旧时的农村女子，深受封建礼教的约束，既没有半点文化，也没有见过外面的世界，而面对着自己的丈夫有新欢时，其内心的无奈与痛苦是可想而知的。

当她愁肠百结、思绪万千之时，公公的话语又在耳边响起：

"为了孩子将来的前程，也为了你。"

于是，她止住了泪水，从床上爬了起来，无声无息地打点着行装。

就这样，在北伐战争的前一年，即1925年，李幼邻与母亲李秀文来到了李宗仁驻军的广西桂平。

民国初年，随着封建王朝的覆灭，也随着西方各种思想的广泛传播，处在历史的转折时刻，人们的思想、观念也都发生着很大的变化。长期生活在封建传统国度的人们，就像缺氧的鱼儿，纷纷浮出水面，贪婪呼吸着新鲜的空气。尤其在上层社会，新生事物可谓层出不穷。

当时在广西桂系（当然此时的桂系，已非陆荣廷时的旧桂系，确切地说是国民党桂系了），实行着一种叫作"平妻制"的政策。就是说，为了革命的需要，糟糠之妻不下堂，可以再娶一位上得厅堂、见得世面、有文化、有才貌的夫人。然而，这两位夫人以平等待之，叫作平头妻，故谓"平妻制"。

当然，这种所谓的"平妻制"政策，也是桂系头脑们为了自己的需要、为了安抚乡下的糟糠、为了应付外界舆论而制造的。

作为李宗仁来说，他不是那种喜新厌旧、追花逐蝶的负心汉，但在所谓的"平妻制"影响下，经其部下撮合，他也与桂平佳丽郭德洁结婚了。


到桂平后，李幼邻先是在他父亲朋友钟祖培家读书，与钟的两个小孩同私塾，时间约有半年，紧接着便到当时的省会南宁念初小。

李幼邻母子的到来，使李宗仁的生活热闹了许多，充实了许多。当然，这个家庭中的各种关系也微妙了许多。

实事求是地说，当年郭德洁年轻、漂亮，且知书达礼。

家庭已经铸成如此格局，看到丈夫在情理上对自己还过得去，尤其对小孩宠爱有加，李秀文心里慢慢地平静了。有时她也想，倘若丈夫无情无义地把自己甩了，你还不是要认这个命吗？

从这点上说，李秀文心里还是感到比较满足的，最起码在面子上自己还是大夫人。假如后来不发生变故，夫妻能同在一个屋檐下生活，她甚至还是感到非常幸福的。

因为李宗仁毕竟也是一个传统和有良心与责任的人，他不是那种江湖混混，也不是千夫所指的"陈世美"。又因为他与郭德洁结婚后，郭一直没有生育。所以，李宗仁对自己儿子的教育与培养，从未有半点含糊和懈怠。

那时，李宗仁尽管军务、政务繁忙，但总不会忘记督促小孩的学业。而且一有空，就会抽出时间陪小孩练体操，习军事。

李秀文母子在桂平的时间不长，但李幼邻与父亲的感情却得到了飞速的发展。当儿子的觉得自己的父亲很伟大，是自己的骄傲。他觉得自己的父亲很关心自己，而且自己也越来越离不开父亲了。

可是到了南宁后，他与父亲见面的机会越来越少了，甚至几个月都未能见上父亲一面。

我们知道，在统一广西的过程中，李宗仁、黄绍竑、白崇禧三位广西籍雄心勃勃的年轻人，顺应潮流，同心合力，利用各个军阀之间的矛盾，各个击破，节节胜利。从1924年6月讨伐"广西王"陆荣廷，到1925年7月把云南军阀唐继尧赶出广西，仅用一年的时间，就战胜了比自己力量大数倍的敌人，从而完成了统一广西的事业，从而也开始书写着国民党桂系的历史。

广西统一后，广州的国民政府于1925年8月就派李济深到南宁，与广西商讨"两广"统一的问题。翌年1月，国民党要员汪精卫、谭延闿、甘乃光访问广西，广西三巨头亲到梧州迎接，并表示接受国民政府的领导。2月，国民政府成立"两广统一特别委员会"。6月1日，广西省政府成立。同日，广西军队改编为国民革命军第七军。

"两广"统一后，北伐的问题又刻不容缓地摆在国民政府的面前，同样也摆在李宗仁和桂系众首脑的面前。

如此众多而重大的历史事件，如此繁忙而紧迫的政务、军务，作为广西和桂系龙头老大的李宗仁，在这种情况下，当然没有精力顾及李幼邻母子俩。

广西统一后，李幼邻与母亲随李宗仁也到了当时的省会南宁。那时，他们母子与郭德洁一同住在一个旧的官邸里。

有一天，李幼邻饭也不吃，茶也不喝，竟在家里发脾气了：

"我要见爸爸！我要见爸爸！"

家里的佣人着急了，"小公子啊！是不是阿姨做的饭菜不好？"

"不是！"

"是不是阿姨得罪了你？"

"也不是。"

"如果不是，那你就要好好吃饭，免得影响身体呀。"

"我就不吃，我只要我爸爸。"

家里佣人连哄带骗，李幼邻就是不听。此时，正好赶上李秀文回家，看到这种情形，她狠狠地批评了李幼邻：

"你以为我们不着急吗？其实我们比你还着急。你知道你爸在做大事，你却跟阿姨使性子，你先给阿姨认个错，认错后我再跟你讲。"

从这点上看，李秀文对儿子的教育是严格的，也是成功的。因为她不希望自己的儿子，将来是一个骄横跋扈、目空一切的纨绔子弟。所以，从李幼邻小时候开始，她一点一滴地把握着。特别是他爸爸不在身边，李秀文更感到自身责任重大。

家有良母，孺子可教。同时也应该说，李幼邻也是一个非常懂事的小孩，他看到自己惹母亲生气了，便知道自己做错了事。

于是，他走到阿姨面前，恭恭敬敬地认了错，尔后又向母亲道了歉。

其实，李秀文也只知道李宗仁这次是去了广州，但她不知道他为何而去，更不知李宗仁到了广州情况如何。反正几个月不见人影，杳无音信。

儿子着急，母亲更着急啊！

原来，中国历史上伟大的北伐战争的序幕拉开了。

众所周知，辛亥革命胜利了，但胜利以后这十几年来，北洋军阀实行着最黑暗的统治，又把中国拉入炮火连天、军阀割据的境地。他们之间有残忍的争斗，也有不可告人的勾结。此时，直、奉两大军阀集团，为了对付广东的革命政府，已经联合了起来。

那时，整个局势的基本态势是：

北方军阀虎视眈眈——

1925年第二次直奉战争后，原属于直系的冯玉祥倒戈，倾向广东革命政权，改为国民军。曹锟贿选的政府倒台，吴佩孚仓皇出逃，孙传芳貌合神离。昔日称雄于黄河、长江流域的直系军阀已如强弩之末。

不料此时，吴佩孚东山再起，磨刀霍霍，自称讨贼联军总司令，雄踞武汉，拟联络奉系军阀张作霖，挥师北上，进攻冯玉祥的国民军。若冯不敌，吴必将入湘，进而南窥两广。

湘局险恶异常——

1926年的湖南，已为听命于吴佩孚的赵恒惕所统治，但其部属唐生智自恃兵强马壮，欲与赵恒惕争高下。于是，唐统兵驱赵。3月12日，赵恒惕被逐出长沙，逃到了上海。在这种情况下，4月，吴佩孚任命叶开鑫为所谓讨贼联军湘军总司令，调兵向唐生智发起攻击。结果，唐部不支，退守衡阳，只好向两广求援。

在这种情况下，广州的革命政府决定北伐，打退吴佩孚的进攻，把国民革命运动推向全国。

5月初，以叶挺为团长的国民革命军第四军独立团，由广东肇庆经韶关直杀湖南；而李宗仁在接到唐生智的求援电报后，也奉命派驻在桂林的钟祖培旅，"由桂林驰援衡州"（《中华民国史纲》河南人民出版社1985年版）。5月中旬，钟旅尹承纲团与叶开鑫部队开战。5月下旬，李宗仁进行全省动员，命令部队集结于桂林，随时北上。

我们知道，1926年对李宗仁来说，是极不平凡的一年。

年初，国民党在广东召开了第二次代表大会，李宗仁被推举为国民党中

李宗仁

央候补监察委员兼国民政府委员。

6月，"两广"正式统一，李宗仁任国民革命军第七军军长。

也可以说，从这个时候开始，李宗仁对桂系的兴衰、在宦海中的沉浮以及在国共关系中的身价砝码，都直接或间接地影响着中国现代的历史，或者说中国现代史上留下了他个人或浓或淡的印迹。

李幼邻说："那个时候自己还小，不知道父亲进行着惊天动地的事业。长大后，看了一些资料以及与父亲交谈，才知道那个时期父亲恨不得有分身术，去应付瞬息万变的战场和布满荆棘的官场，当然也就无法照顾我们母子。"

李幼邻还讲起了北伐的一段插曲：就是那个溃不成军的唐生智，在万般无奈之际，不得不向广西的李宗仁求救，并表示只要得到广西的援助，便投效革命政权……

于是，李宗仁、黄绍竑、白崇禧这帮雄心勃勃的广西人，在未与广州革命政府商量的情况下，便率军入湘，投入了炮火纷飞的战场，向北洋军阀开战。

因为他们觉得，吴佩孚早已蓄谋三湘，更图两广，自己岂能坐以待毙；更因为他们觉得，桂系需要发展，需要表现，需要空间。若不利用湘战机会，还待何时？

其实，究竟要不要北伐？广西各界对此反应不一，李宗仁感到吃惊和意外。

但让李宗仁感到更吃惊、更意外的，还是广州中央枢纽中乱糟糟的情况。

五月的广州，到处苍翠欲滴，亚热带的阳光，充沛的雨量，使这座处于革命中心的南方大都市充满着勃勃生机。

然而，李宗仁此时此刻的心境却极为恶劣。

他想，我广西将士已在前方慷慨悲歌，战事所向披靡，形势于我非常有利；如果此时不北伐，不仅广州的中央政权将随时面临灭顶之灾，而且对他和桂系来说，也的确是一件非常难堪和尴尬的事……

他满腔热情地为策划北伐而来，没想到现实给他的却是冷水一瓢。

当时，国民党中央内部已危机四伏，蒋介石和汪精卫为争夺党的领导权，斗争已呈白热化。汪精卫负气离职去国，党内元老胡汉民也一走了之。

尽管广西的子弟兵在湖南前线节节推进，然而广州的中央政府却好像没有北伐的意图。直到有一天，蒋介石心情不悦地对李宗仁说：

"德邻兄，你从广西来，对中央的事情了解得太少了，中央复杂得很，你还是耐心等待吧。"

李宗仁听后一脸茫然，不知如何是好。

不过，李宗仁毕竟是李宗仁。

他不仅去找权倾一时的蒋介石。

他还去找党内要人张人杰。

他去找湖南军界老前辈谭延闿、程潜。

他去找志同道合的广西老乡李济深。

他甚至还去找俄国顾问鲍罗廷……

这样，在 1926 年 6 月 4 日，国民党中央执行委员会临时全体会议，终于通过了北伐方案。6 月 5 日委任蒋介石为国民革命军暨北伐军总司令。7 月 1 日发布北伐动员令，4 日发表《国民革命军北伐宣言》，9 日国民革命军正式誓师北伐。

中国历史上的这场伟大的北伐战争便这样宣告开始了。

李幼邻说："那时因为年幼，自从在南宁那次向佣人发脾气受到母亲批评后，自己的性格改变了许多，沉默了许多，甚至内向了许多。已经很长时间都见不到父亲了，成天见到的是母亲紧蹙的眉头和焦虑的神情。而大人的事情，自己不好过问，即使问了也懂不了什么。所以，只有埋头书本，老老实实地读书。"

我们从有关史料中了解到，当时北伐军面临的三大北洋军阀是直系吴佩孚、奉系张作霖和从直系分裂出来的孙传芳。

1926 年 7 月 15 日，李宗仁率第七军军部抵达衡阳。8 月 15 日，国民革命军总司令蒋介石、苏联军事总顾问加伦将军、副总参谋长白崇禧、总政治部主任邓演达等在长沙召开军事会议。这次会议采纳了李宗仁、唐生智等将领的意见，决定趁吴佩孚南北疲于奔命、南线新败之机，速战速决直捣武汉（《中国国民党简史》档案出版社 1988 年版第 73 页）。

长沙会议后，李宗仁任中央军右路纵队指挥官，率领部队杀向主攻战场。在取得湖南战场的决定性胜利后，8 月 30 日第四军和第七军主力抵达武昌城下，李宗仁任攻城军官长，负责左翼指挥，组织第七军敢死队强攻，后采取围困封锁的策略。北伐军于 10 月 10 日发起总攻击，一举攻下武昌，占领了武汉三镇，消灭了吴佩孚的主力。

紧接着北伐军把江西作为主要战场，李宗仁在箬溪、德安、王家铺战役中，均打了胜仗，为以后攻克南昌、消灭孙传芳主力起了重要作用。11月8日，北伐军占领南昌，江西战场取得了胜利。

1927年初，北伐军向长江下游推进，李宗仁为江左军总指挥，指挥部队由鄂东向安徽的安庆迫近，3月初占领安庆。紧接着，3月23日程潜率领的江右军占领南京，孙传芳大势已去。

从1926年7月，国民革命军在广州誓师北伐不过半年多的时间，以摧枯拉朽之势，消灭了吴佩孚、孙传芳的主力，占领了湘、鄂、赣、闽、皖、苏、浙等省，形成了北伐军与奉系军阀对峙的局面，这实在是资产阶级革命斗争中的大事。

在这场与北洋军阀的斗争中，作为桂系的李宗仁、白崇禧都发挥了极为重要的作用，而黄绍竑留守广西也做了大量的后援工作。当然，与此同时，桂系也从北伐开始时的区区几万人，急剧发展到拥有十几个军、近二十万人的军事力量。

所以，这个日益膨胀的军事实体，这帮充满野心、跃跃欲试的"广西佬"，不可避免地成了蒋介石的心头大患，也给日后的蒋桂之争留下了伏笔。

1927年，在李宗仁的安排下，李幼邻与母亲来到香港，他就读于西南小学。

人说，"少年不知愁滋味"。可在李幼邻年幼的心灵里却时常愁云密布。他当然不了解现实究竟发生了什么大事，也不了解自己的父亲和桂系在当时的政治舞台上扮演着什么角色。他只是从父亲诡秘莫测的行踪和焦躁不安的神情中，感觉到环境的险恶和形势的严峻。

北伐在军事上取得了空前的胜利，但因政见不同、利益之争，却先后出现了两个国民政府。一个是1927年3月国民党二届三中全会正式成立了武汉国民政府,一个是 1927 年 4 月蒋介石在南京建立的国民政府。

这种奇怪的现象,反映出当时国民党内部矛盾的尖锐与复杂,反映出国民党高层你死我活的权力斗争。

我们有必要费些纸墨,再把这个时期的主要大事摘录如下:

7 月 15 日,武汉汪精卫集团,在冯玉祥的促使下,公开举起反革命大旗,宁汉分裂变成了宁汉合流。

8 月 22 日,宁汉双方代表在江西九江商谈,最后决定武汉国民政府于 9 月 3 日前迁往南京,使原先存在的宁汉两个政府合二为一。

但由于汪精卫未能达到其目的与欲望,9 月 21 日,在没有经过南京国民党中央特委会同意的情况下,汪精卫、唐生智擅自在武汉成立了国民党政治分会,抨击国民党特委会,并否定由特委会产生的南京国民政府。

于是,宁汉合作又变为宁汉对立。

南京国民政府决定讨伐唐生智后,汪精卫于 10 月 29 日又在广州搞了一个"中央"。这样,宁汉之争又发展成宁粤对立。

1928 年 1 月 4 日,各方妥协的结果,只好让蒋介石重回南京"主持大计"。

这种乱糟糟的局面,从辛亥革命以后一直延续了十几年。直至奉系军阀表示服从南京国民政府中央、南北实行统一后,这种情况才告一段落。

由于积弱的中国在推翻清廷以后,仍陷入新老军阀、新军阀与新军阀之间的混战,给早就虎视眈眈觊觎我国的日本,创造了一个极好的机会。

于是,就有了 1931 年的"九一八事变"和 1937 年的"七七事变"。

在这整个过程中,李宗仁当然不会作壁上观而逍遥。相反,他摆出了跃跃欲试的姿态,在那个特殊的历史时期,留下了浓墨重彩的一笔。但与此同时,桂系的迅速发展,终于使蒋介石食不知味、坐卧不宁了。

我们知道,北伐以后,桂系势力急剧膨胀,"广西军队之打到北京,乃中国历史上破天荒之举"。(程思远《政海秘辛》第 2 页,香港南粤出版社 1988 年第一版)于是,蒋介石的南京国民政府当然不得不防范这支广西军队了。

　　尽管北伐至长沙时蒋介石主动送帖、与李宗仁金兰结义，尽管桂系的第七军在北伐中战功卓著并有"钢军"之称，也尽管李宗仁的桂系在1927年的白色恐怖中坚定地与蒋介石战斗在一个战壕里，但蒋桂之间从始至终都存在着不可调和的矛盾。

　　首先，蒋介石作为北伐领袖，不能公允地对待各个参战的部队，赏罚不明，偏袒"天子门生"。桂系看在眼里，可都记在心头。

　　后来，蒋介石授意何应钦要消灭桂系，但何应钦基于种种考虑而没有动手，却让桂系知道了蒋的阴谋。

　　1928年8月，蒋介石无端处决了李宗仁属下的前敌总指挥兼第十军军长王天培，进一步加剧了蒋桂之间的矛盾。后来，在宁汉酝酿合流的谈判中，处于尴尬状况的蒋介石无奈中表示要"休息"一下时，桂系首脑白崇禧又第一个表态支持蒋介石"休息"，搞得放出气球只想试探空气的老蒋不得不违心下野。

　　北伐以后，国民党的蒋介石、冯玉祥、阎锡山以及李宗仁的四个集团军都有不同程度的扩充与发展。这对想要实行独裁统治的蒋介石来说，当然如鲠在喉。尤其是桂系，李宗仁镇守武汉，白崇禧的部队驻扎北京，加上广西的大后方，无疑成了老蒋的一块心病。

　　所以，当四个集团军打下北京、天津后，蒋介石就急着召开"国军编遣会议"，其目的当然是路人皆知。那就是想削弱、破坏地方实力派的力量，以达到大权独揽的目的。

　　然而，冯、阎、李这些地方实力派也心知肚明，不上老蒋的圈套。当1929年1月1日蒋介石在南京召开这个编遣会议时，大家各弹各的调，各吹各的号。冯玉祥甚至在会议期间装病，尔后秘密渡江提前溜号，使会议流产。尽管蒋介石一再让白崇禧也参加这个编遣会议，但"小诸葛"白崇禧却不上这个圈套，让蒋介石一举消灭桂系的计划落了空。所以，这次编遣会议未能达到"削藩"的目的。

　　后来，蒋介石又搞了一个联唐（唐生智）倒白（白崇禧）的军事阴谋。

1929年3月20日，南京政府任命唐生智为第五路军总指挥，取代了白崇禧。不仅如此，当白崇禧仓促出逃时，蒋介石还派人暗杀白崇禧，想从肉体上消灭之，可见蒋桂之间你死我活的地步。

在此之前，恰好桂系将领胡宗铎，在武汉未经请示李宗仁、白崇禧的情况下，就以武汉政治分会的名义，罢免了鲁涤平的湖南省主席兼第十八师师长的职务，并任命何键为湖南省主席，又派部队入湘，由此酿成"武汉事件"，这给蒋介石解决桂系提供了一个求之不得的机会。

"武汉事件"后，尽管李宗仁向南京政府作了解释与表态，"如何处置，悉服从中央命令，本人决不冒大不韪，破坏和平统一局面"（《国闻周报》卷6，第9期，1929年3月10日），也尽管国民党各方做了大量的工作与调停，但蒋介石还是在3月15日召开的国民党第三次全国代表大会上，当即"宣布李宗仁、白崇禧及李济深，因反叛中央而永远开除党籍"（张同新《国民党新军阀混战史略》第240页）。3月26日，蒋介石发布讨伐桂系的命令，28日派军警在南京抄李宗仁的家，29日亲赴前线指挥部队对桂系作战。

第一次蒋桂战争终于爆发。

这次蒋桂战争以桂系的失败告终。在不到一个月的时间里，桂系的第四集团军顷刻间土崩瓦解，将领们通电下野，部队被改编，桂系首脑李宗仁、黄绍竑、白崇禧仓皇出逃……

在这样的历史关头中，出现了如此之多的重大事件，作为主要人物的李宗仁来说，当然不可能像寻常人那样去照应自己的家庭。

所以李幼邻说："那个时候总的感觉是，我们母子俩就好像一叶孤舟，在茫茫大海上漂荡，狂风暴雨，惊涛骇浪，得靠我们自己去应付。谁都不知道前方有什么暗礁险滩，谁都不知道下一刻将会出现什么情况。有时觉得情况实在太险恶了，好像随时都有掉脑袋的危险，成天处在惶惶之中。动荡不安，险象环生。所以，父亲把我送到香港读书，就是以防不测。"

这是一个狂风肆虐的季节。

一天深夜，电闪雷鸣，天空好像被人捅漏了，滂沱的大雨倾盆而下。狂风卷起冲天巨浪，猛烈拍打着岸边的岩石。狰狞的香港夜空，似乎被一道一道的闪电撕裂成无数碎片。

李秀文睁着眼睛躺在床上，翻来覆去怎么也睡不着。突然，她隐隐约约听到一阵急促的敲门声，高度的紧张感使得李秀文把熟睡中的儿子紧紧地搂在怀里。

李幼邻惊醒后也听到了敲门声，"怎么回事？妈。"

"嘘，别出声。"李秀文赶紧捂住李幼邻的小嘴。

过了片刻，母子俩都听到了一个熟悉的声音："秀文，秀文，快开门，是我！"

"是我爸。"李幼邻一听就想爬起来。

"你别动，我去。"李秀文三下五除二地下床开门去了。

李宗仁一身湿漉漉地进了门。

又一道闪电划过夜空，在闪电的作用下，李秀文看到屋檐一角的狂风暴雨中，还站立着几个身影。正当她准备上前帮李宗仁解开雨衣时，李宗仁挡住了，匆匆说道：

"不用解了，我即刻就要走。我现在处境很危险，他们派人四处追杀我。听说蒋介石还与香港方面交涉了，要逼我出境，我不能在香港逗留了，你们母子俩多多保重吧。"

李幼邻揉着惺忪的眼睛，站在父亲面前。李宗仁走过来摸了摸儿子的头，蹲下来对儿子说：

"爸爸立刻就要走了，你在这里要听妈妈的话，好好读书。"

李宗仁说完这几句话，从口袋里拿出一沓港元，交给李秀文，说："这些钱你们母子先用着，以后我再让人安排，多保重！"

还没有等李秀文母子反应过来，李宗仁便又消失在风雨交加的夜幕中了……

外头，风更狂，雨更骤；

屋里，母子俩涕泪滂沱。

李幼邻就是在这样的环境中完成了高小学业。

1930年，对李宗仁和桂系来说，无疑也是一段悲惨的岁月。

第一次蒋桂战争于1929年夏结束后，这一年的冬天又爆发了第二次蒋桂战争。

由于蒋介石与地方实力派之间不可调和的矛盾，1930年6月又掀起了中原大战。这次中原大战，一方是蒋介石，另一方是阎锡山、冯玉祥和桂系这些地方实力派。

两次蒋桂战争，桂系都以失败告终。这次，桂系决定倾巢而出，北上参加中原大战。后来，由于黄绍竑指挥失误而贻误了战机，桂系参加中原大战的计划宣告落空。再后来，由于张学良通电拥蒋，形势又急转直下。

于是，反蒋派失败了，蒋介石又胜利了。

这个时期，是李宗仁和桂系的一个低迷时期。湘军、粤军不断犯境，云南的卢汉率军围攻南宁，广西百色的苏维埃政权掀起的农民运动如火如荼。

处在这种艰难的时刻，桂系的主要头目之一的黄绍竑却心怀去志，决意要离开桂系，而且是跑到蒋介石那边去了……

在这种情况下，身心交瘁的李宗仁当然无力照顾李秀文母子俩，只好让他们从香港回到广州。

当然，李宗仁决定让李幼邻母子俩从香港回到广州，是因为在这个过程中出现了这样一个戏剧性的情况——

1931年2月28日晚，蒋介石以请国民党元老胡汉民到南京总司令部赴宴为名，无端地把胡扣留。这不仅在国民党内部引起了震动，特别是引起了广东方面的强烈反对，而且给处于困境中的桂系带来了一个千载难逢的转机，它使粤桂对立变成了粤桂联合。昨天的一对冤家，今天转眼间就变成了反蒋的同盟军。

这就是政治啊！

倘若两广交恶，李宗仁也不可能把他们母子送到广州。

一天，李宗仁来到了李秀文母子俩在广州的住处。

从北伐以后，这对名正言顺的夫妻已经徒有其名而无其实了。

"秀文，儿子呢？"一进门李宗仁就直截了当地问道。

"儿子与房东的小孩出去了。"李秀文没多少搭理。

"这些日子来，我那里的事情特别多，各方面的情况也很复杂，请你们母子俩理解我。"李宗仁说："生活上的事，我会让人帮忙安排好。今天我来主要是为儿子上学的事……"

没等李宗仁把话说完，李秀文就呜咽起来了：

"亏你还是他父亲，小孩读书的事我们妇道人家能有什么主张，看到别人家的小孩一个个入学，我心里直难受。上午邻居王太太还在问我，幼邻上哪个学校。"

"刚才我已经说了，这段时间情况非常特殊，请你能体谅我。幼邻读书的事情，我时刻都把它放在心上，他毕竟是我们的儿子啊！今天我来就是告诉你一声，我想让幼邻读广东省立学校。他回来后你告诉他，明天我派人来办入学手续。"

李宗仁一说完话，连水也没多喝一口，就被副官叫走了。

李宗仁刚跨出门槛，止不住的泪水就从李秀文的双眼里流了出来。

是啊！丈夫的官当大了，名气也大了，而自己和儿子得到什么呢？成天担惊受怕地过日子，桂平、南宁、香港、广州，不停地转悠，生活没个落脚点。

但这一切能怪丈夫吗？

李秀文怔怔地坐在沙发上，任凭泪水流淌，久久没有动弹。直到"妈妈、妈妈"的呼喊声，才把她从沉思中惊醒过来。

"妈妈，发生了什么事了？"李幼邻急切地问。

李秀文擦了擦眼里的泪水，向坐在身边的儿子说：

"下午你爸过来了，专门说你上学的事。我责怪了你爸，我心里也很不好受。"

看到自己母亲心情不好，李幼邻紧紧抓着母亲的双手，伏在母亲的膝盖上，小声地说：

"妈妈，你别难过了，我会好好读书的。我一辈子都会跟着你，照顾你。"

望着儿子深情的目光，李秀文一言不发，紧紧地把儿子搂在怀里。

用过晚餐，李秀文向儿子转达了他父亲想让他读省立学校的意见。


按理说，李宗仁希望自己的儿子上政府办的省立学校，完全是可以理解的。一则这所学校是正统的官办学校，二是考虑到他当时的身份与地位。

但李幼邻心里却有自己的小算盘，他坚持要读教会办的"培正学校"。

"你为什么不听你爸的话呢？"

李秀文认为，在丈夫面前，该责怪时则责怪；但在儿子面前，她则认为应该维护一个父亲的尊严。

李幼邻赶紧解释说："妈妈，你误会我的意思了。这不是听不听话的问题，因为从香港回来后，我就注意了，在广州这里，培正学校比较注重外语，这对我今后的发展可能会有好处。今天下午我与几位朋友聊这个问题时，他们都支持我的想法。"

儿子有自己的思想了。

李秀文也觉得儿子的话不无道理。

结果，李幼邻如愿以偿。


中华民族的近代史，是一段被侮辱、受欺凌的历史，是一部饱浸着血和泪的历史。海外华人更是被人瞧不起，干着人家不愿干的苦力活、下贱活，更谈不上社会地位。所以，他们大都把自己的小孩送回国内上学。"培正学校"就是由广大的华侨捐资修建的，它设有美洲堂、澳洲堂等，由教会负责管理。

在二十世纪二三十年代的广州，像"培正学校"（男校）和"培道学校"（女校）这些由教会创办的学校，可以说是最好的学校，故有人称之为"贵族学校"。

就这样，从1931年到1937年，李幼邻在广州"培正学校"完成了中学学业。

在广州这几年，李幼邻与母亲的生活一直比较稳定。什么两广联合对付老蒋，什么蒋（蒋介石）汪（汪精卫）又一次合作，什么宁粤又同时出现两个国民政府等等，这些对一个十余岁的学生和一个普通的家庭妇女来说，显然显得太深奥和复杂了。

在这样一个相对平稳的环境里，李秀文尽着一个母亲的责任，照顾着儿子的生活，督促着儿子的学习。李幼邻也充分利用眼前这样一段比较平稳、安定的时光，努力学习着，完成了中学学业。

随着岁月的增长，李幼邻越来越懂事了，对生活的理解也越来越深刻了。

他看到，尽管自己的父亲早已不与母亲一块居家过日子，但父亲从未忘记让人送钱送粮来，使他母子不缺吃少穿，无须为求三餐、求一宿而忧而愁。

但李幼邻还是时常看到自己母亲的脸上，布满淡淡的哀愁，甚至有时一个人在偷偷流泪……

每每看到这些，想到这些，李幼邻心里就很不好受。


1937年7月底，日本飞机第一次轰炸这座中国南方最大的城市——广州。

此时，李幼邻已经中学毕业，又值暑假期间。李秀文天性好客，故桂林的亲戚们云集于此。

这天清早，李幼邻与一帮年轻人在楼顶上打闹玩耍，忽见远处飞来一大群飞机，机声隆隆震天动地，飞得极低极低。开始，他还以为是中国的飞机在搞演习什么的，但紧接着就听到震耳欲聋的爆炸声，滚滚的烟柱冲天而起，街市上顿时紧张起来，他觉得情况不妙。

于是，他与其他几位年轻人飞奔下楼。当得到的消息确切后，他与母亲商量，让桂林的亲戚即刻就回去，自己与母亲暂到香港躲避一阵再说。

国不宁，家何安？

天气越来越热，气氛越来越紧张，李秀文的心情越来越糟。

当时在广州，很多有钱的人家逃也似的出国避难，不少华侨眷属也已纷纷离开。而李幼邻与母亲在香港小住后，又回到广州冷冷清清的房子，成天过着提心吊胆的日子。

卢沟桥事变后，李秀文曾与李宗仁探讨过李幼邻出国留学的事情。但时间一天天过去，前方的战事一天比一天紧，广州也一天比一天乱，而李幼邻出国留学的事始终没有最后定夺。

七月来了，七月的广州的确炎热似火。

十月秋风起，但吹来的秋风也未能驱走笼罩在人们心头的郁闷。

在这个度日如年的时节，到处是紧张的气氛。今天传来中国军队战败的消息，明天又是哪里失陷的报道。街上到处是惶惶的人群，悲观、怯敌的想法如同瘟疫般四处弥漫着。

李幼邻与他的母亲哪里知道，在这国家与民族生死存亡的关头，李宗仁此时正全身心地投入到伟大的抗日洪流中，书写着这位抗日战将人生中的另一次辉煌。

"七七事变"一发生，桂系就响应全国抗战潮流的发展，立即发起抗战，并在全省动员几十万民工修建铁路，保证西南国际运输线。同时，在不到一个月的时间里，广西就迅速组成了即刻赴前线作战的四个军的队伍，在各方面随时做好投入抗战的一切准备。

7月15日，李宗仁致电南京国民党中央，请求下定决心，实行抗战。

李宗仁在台儿庄

　　20 日，桂系三巨头李宗仁、白崇禧、黄旭初联名致电南京政府，表示愿意"统率第五路军全体将士及广西全省 1300 万民众，拥护委座抗战主张到底，任何牺牲，在所不惜"。(《大公报》1937 年 7 月 22 日)

　　8 月 2 日，将介石亲电李宗仁、白崇禧，约他们赴京共商抗日大计。李、白二人认为时机已到，表示即刻入京受命。

　　如何使桂系加入抗战的行列，而又不遭蒋介石暗算，这些都是颇费脑筋的事。桂系首脑们考虑后，最后决定，白崇禧先上庐山，探听老蒋的真正态度。而李宗仁则暂缓一步，留在桂林筹划全省抗战事宜。

　　8 月 28 日，白崇禧电告李宗仁，统帅部拟请李宗仁出任第五战区司令长官。此时的李宗仁，认为效命疆场的时机已到。于是，他于 10 月 9 日主持了广西建设研究会成立典礼，10 日在桂林主持"双十节"纪念会，12 日就抵达了南京。

## 艰辛求学路漫漫

由于时局紧张，李秀文早早地把家里的大门关上了。

客厅里热得很，母子俩面对面地坐着，一边打着蒲扇，一边心事重重地聊天。乱世的街市，商铺早就打烊了，显得格外冷清，只有马路边、庭院里树上的知了仍在没完没了地鸣叫。

"妈妈，爸爸不会把我们撂下不管吧？"李幼邻有点担心地问。

"怎么会呢？傻孩子净讲傻话，你爸爸不会做出让人见笑的事情，你应该相信你爸爸，前些日子他还与我谈到你出国留学的事情，也许眼下实在太忙，也许是条件不成熟。总之，我们都应该相信你爸爸一定会解决这个问题的。"

李秀文安慰着自己的儿子。

"我相信我爸爸一定很忙，但我们母子俩成天担惊受怕地待在这里，怎么也不是个事儿。"李幼邻嘟囔着。

"孩子，光发愁是没用的，船到桥头自然直，你还是早点睡觉吧。"

"妈妈，不瞒你说，这几天我都没睡好。我所听到的消息，说是日本鬼子厉害得很，简直就像战神，而我们的军队不堪一击啊，我甚至还听到有不抵抗的消息。看到我们班上的同学一个个都走了，都出去了，我心里直犯虚，哪能睡好觉。"

这一夜，李秀文彻底失眠了。

第二天，她实在忍不住了，拿起电话冲李宗仁发火："我们儿子出国留学的事情你究竟管不管？"

其实，作为父亲的李宗仁尽管军务、政务很忙，儿子的事情他还是始终放在心上。他只是担心自己的儿子从未远离家门、从未独立过日子，单独远行有点放心不下。当他得知广西驻广州办事处主任的儿子可以与幼邻一道出国时，他也就即刻同意了。

1937年10月中旬，就在李宗仁离桂北上就任第五战区司令长官没几天，李幼邻也踏上了漫漫求学路。

是雄鹰，就要冲天翱翔。

是蛟龙，就要倒海翻江。

李幼邻说："我不是雄鹰，也不是蛟龙，但在当时那样一个环境里，我唯一的想法和出路就是到国外读书。你想想，外族入侵，国内兵荒马乱，炮火连天，而我的父亲征战前方，根本无法照顾我们母子。除了到国外读书，我还能想别的什么办法呢……"

十七八岁的李幼邻独立了。

十七八岁的李幼邻成熟了。

十几年来，李幼邻与母亲朝夕相守，从蹒跚学步开始，母亲手把手地牵着他，扶着他，护着他，跨过了一道道门槛。

李幼邻生来体质比较羸弱，每当身体稍有不适，母亲心贴心地护理着他，生怕他有什么闪失。

婚姻的悲剧，情感的痛苦，加上长子夭折的阴影，使李秀文对李幼邻倾尽了全部的情，全部的爱，全部的心血。

如今，国难当头，儿子就要远游西行，作为母亲的心情怎不倒海翻江呢？

正如李秀文自己在《我与李宗仁》一书中所说："要把唯一的儿子送到万里之外的太平洋彼岸去，且不说他平时从未离开过我，到了人生地不熟的异国如何生活得惯！就是我一旦离开儿子，也不知如何度日。"（《我与李宗仁》漓江出版社1986年11月第一版102页）

但李秀文有时也冷静地想，她今生今世唯一的希望就寄托在儿子身上，希望儿子快快成长，希望儿子早日成为栋梁之材。母子离别后，虽天各一方，自己再孤单，这些都是小事，还是儿子的前程最为要紧。再说了，儿子长大后，总不能一辈子留在自己身边，还是让他出去捶打吧。

此时，作为孝子的李幼邻，内心也是痛苦无比。他已经懂事了，他了解自己母亲凄苦的命运，他深知这一走，不知何年何月才能与母亲再次相见，而在这兵荒马乱的岁月，他无不担忧着母亲的命运……

滔滔的珠江水如泣如诉，低翔的海鸥不时发出凄婉的悲鸣，更有那声声汽笛，荡人心扉，催人断肠。

远行者，送行者，无不忧伤。

此时此刻，此情此景，李幼邻才真正体会到"离恨恰如春草，更行更远还生"的离愁和"剪不断，理还乱"的惆怅。

码头上，人来人往。而在码头的那边，停泊着一艘大轮船。轮船在星空下像一幢硕大无比的建筑物，李幼邻今晚就要乘坐这艘轮船远去了。


晚餐安排在广州城的家里，李秀文特意准备了李幼邻平日最喜欢的饭菜，她不时给李幼邻夹着菜，还时不时讲一些宽心的话。

但李幼邻看得出，母亲的眼眶里噙着泪水。

大家都怀着沉甸甸的心情，气氛怎么也热烈不起来。

1937年，是一个内忧外患的年头，也是一个战事离乱的年头。1937年，李幼邻在广州的最后一顿晚餐，就在这样充满伤感的气氛中结束了。

晚饭后，广西驻广州办事处已经派好车，送他们去码头。

当离开家门的那一刻，李幼邻再也忍不住了，他一头跑回自己住了几年的房间，趴在床上，任凭泪水流淌。他想，国难当头，自己出国留学，母亲却留下了，骨肉离别，亲人天各一方，好不心酸……

行李已经装车了，司机已经就位了。过了一会儿，仍不见李幼邻出来，李秀文又回到屋里，看到李幼邻眼圈红红的，她上前摸着他的头说："儿子，坚强些。"

在通往码头的路上，大家都在想着各自的心事，没有人打破这个痛苦的沉默。

一到码头，那种生离死别的气氛立即感染着每一个人。且不说现在是外敌入侵的非常时刻，就是在平时，"悲莫悲兮，生别离"，且大海茫茫，前程莫测。

李幼邻想，自己出国了，父亲肩负着重任上前线去了。而自己走后，母亲即刻就要离开广州回桂林了，一家人转眼间各奔东西。

不知不觉，他又落下泪来。

李秀文一直拉着儿子的手，安慰他，鼓励他。就在码头栅栏拦上的那一刻，她大声地说："儿子，你放心去吧，你一定要照顾好自己，妈妈老了，妈妈不用你操心。"

"妈妈，你多多保重，多多保重！"李幼邻哽咽着。

怀着对前程的憧憬，怀着对人生目标的追求，李幼邻在母亲的千叮咛万嘱咐中，乘着一艘外国轮船往美国去了。

自此别，"荡子天涯归棹远"。

自此别，"一种相思，两地闲愁"。

而谁又能料到，这一别，他们母子竟分离了整整十个春与秋啊！

船抵檀香山后，李幼邻踏上了太平洋彼岸，进入了另一个神秘而陌生的国家。

第二年3月底，他去了芝加哥，打算就读芝加哥大学。

当时，岭南大学的一位教授对李幼邻说，在芝加哥大学读书的中国学生太多，这种环境对学英语不利，建议他就读威斯康星州贝莱特学院。

为了表述准确，幼邻先生亲笔在笔者的采访本上留下了这所学院的英文名字：BELOIT COLLEGE.WISCONSIN。

李幼邻接受了这个建议。

当时，这所学校只有他一个中国学生。这样一种环境，客观上逼着他沉浸在英语的海洋里。

以前，李幼邻虽说在广州"培正中学"念了六年英语，但一跨出国门，才深切体会到"书到用时方恨少"，尤其在英语的听力和会话方面。老师在课堂上讲课，他在下面犹如鸭子听雷，茫然一片。

语言成了他学习上的最大障碍。

但是，再大的障碍也只有靠自己去克服。


李幼邻说回想起刚到美国读书那阵子，的确让人刻骨铭心。尤其是一到上历史课，老师都要布置很多的课外预习。他要比班上其他同学付出加倍的努力，一边看书，一边查字典，一边找资料，每每熬更打夜。但开始时，依然跟不上趟，时有交白卷的现象。

一天放学后，历史老师单独留下了李幼邻。他怀着忐忑不安的心情走进了办公室。

一见面，这位历史老师以西方人特有的幽默数落着李幼邻："喂！喂！我亲爱的东方小伙子，你究竟是怎么回事？为什么有时连作业都不交？"

李幼邻如实回答道："老师，您在课堂上讲课，有很多我都听不懂。再说您每天都布置三四十页的课外预习，我根本无法完成。"

"嘿！嘿！你还有理了"。老师的嗓门挺高："年轻人！这不比你们中国，你读不下去就干脆休学算了。"

李幼邻一听就着急了，他含着热泪向老师解释道，正因为国难当头，他才出国留学；也正因为英文基础比较差，好多课堂上的东西他听不太懂，以至于影响作业和成绩……

"那么，年轻人，你能否转学别的科目呢？"老师的口气明显软了下来，但还是想甩包袱。

李幼邻一再向老师保证，一定要尽自己最大的努力把书读好，而且不改变自己所学的科目。

因为李幼邻觉得，即使转学别的科目，一下子也是赶不上，主要是英语不过关。所以他坚持一读到底，不转学科。

人非草木，孰能无情？

历史老师看到这位负笈远门的东方学子急切的态度和坚定的信心，又觉得其言也在理，便不再劝他休学和转学科了。

当时在美国，每门功课得七十分以上才能拿到学分，分A、B、C、D四个等级，四个等级的学分依次为四、三、二、一分；七十分以下则为零分。如果第一学年低于七分，学校就不让你继续读书了。

七分，是一个底线，是一个最低的标准，也是李幼邻奋斗的最基本的目标。为了这个七分，李幼邻像一位枕戈待旦的战士，时刻准备着去冲锋，去克服前方的重重障碍。

"为自己争口气！"

"为中国人争口气！"

李幼邻硬是凭借着坚韧不拔的毅力，度过了一个又一个不眠之夜，放弃了一个又一个的节假日，刻苦发奋，攻克难关。

付出汗水，终有收获。真是谢天谢地，李幼邻第一学期的各门功课总算过了关，连他望而生畏的历史课好歹也及了格。

当老师宣布成绩时，班上的同学对这位貌不惊人、平时寡言少语的同窗，无不投来赞许的目光，李幼邻也感到两眼一热，差点掉下泪来。

夜深了，望着万家闪烁的灯火，望着街上摩肩接踵的人流，李幼邻百感交集，夜不能寐。

想想自己的祖国、自己的家园正遭受着铁蹄的蹂躏，身负重任的父亲正率领着广大将士，浴血奋战在疆场上；而母亲也饱受着离乱的煎熬。再想想自己，远在异邦求学，由于英语基础差，这一学期的日子实在难熬。虽然历史课老师给了及格，但那是一种鼓励和安慰。因为达不到七十分的成绩，所以也就得不到学分。这点，李幼邻心里非常清楚，老师也绝不会在这上面讲人情。

这种负担，这种压力，对一个涉世不深、尚不到二十岁的小伙子来说，无疑是超负荷的。

多少次，李幼邻独自坐在校园的草地上，望着满天星斗，思绪万千。想美丽的家乡桂林，想战火中的亲人。再想想偌大校园，就仅他一个中国学生，有时不免觉得孤单、冷清。

多少回，他独守在宿舍的孤灯下，夜以继日，把全部的心思用在学习上。

尽管校外车水马龙，五彩缤纷；

尽管校内欢声笑语，青春涌动。

可李幼邻的全部生活除了学习，还是学习。

因为他心里非常清楚，"学海无涯苦作舟，书山有路勤为径"。在美国这样一个社会里，成绩面前人人平等，来不得半点虚假，更没有一丝人情可讲，大家都在同一起跑线上。


又是一个令年轻人躁动不安的周末。

还没到下课时间，学校门口就已有不少小汽车在等候了。许多同学成双成对地走出校门，许多则坐着校车参加活动去了。

李幼邻简单地吃了一点东西，打发完肚子后就回到了宿舍，他想利用这个周末好好补习功课。

校园里很清静，宿舍里更清静。李幼邻翻开了课本，摊开了笔记，可不知怎么回事，今晚自己老是走神。

"怎么啦？"李幼邻自己问着自己。

此时的李幼邻，已经长成风流倜傥、一表人才的大小伙子了。通过第一学期的学习，班上的同学再也没人把他当作丑小鸭来看待了。

一些同学隐隐约约知道这位个子不是很高的同学，有着不一般的家庭背景，有的甚至也猜测他的父亲肯定是个高官。可李幼邻为人谨慎、谦虚，从不炫耀自己。尽管自己父亲指挥的台儿庄大捷，海内外皆知，他也从不去吹牛，出风头，因而深得同学们敬重。

一次，班上一位同学举办家庭舞会。他本不想参加这种活动，但班上一位长得很漂亮的女同学，却当着许多同学的面，大大方方地走过来挽着李幼邻的手说："幼邻同学，你一定要去，到时我一定陪你跳舞。"

此话一出，就像一滴水掉进油锅里，班上炸开了。喝彩声，叫嚷声，口哨声，乱哄哄的一片。

李幼邻的脸一下红到了耳根。

可不知怎么回事，打那以后，李幼邻突然发现，这位女同学似乎特别喜欢接近自己，而她的美丽身影也时不时闯进自己的脑海里。

"怎么啦，想谈恋爱了？真没出息。"

李幼邻自己告诫着自己。

他从抽屉里拿出了日记本，沉思了片刻，他在日记上写道：

书中自有黄金屋。

书中自有颜如玉。

他理了理思绪，排除了杂念，心定了，神安了，认为眼下还是读书要紧，唯有读书高啊！


求学之路的确是一条艰辛之路、奋斗之路。它如崇山峻岭上的盘道，如莽莽森林中的曲径，如丘陵间蜿蜒曲折的小路，如边塞古老的栈道，如波涛万顷的航线……

度过了艰难的第一年后，李幼邻的英语水平上来了，学习成绩也提高了。不仅如此，他的体育成绩特别冒尖。尤其是游泳技术，他可谓出类拔萃，经常代表学校参加各种比赛，令人刮目相看。

说起来这其中还有一段小插曲。

那时，美国的大学里经常举行各种体育比赛。且不说争强好胜的年轻学子跃跃欲试，想以此来显示自己，好在校园风光风光。就连老师们也都不遗余力，希望自己的班级能够夺魁而脸上添光。

开始的时候，李幼邻比较谨慎，不敢贸然报名参加比赛，心里没底怕出洋相。

几次观看比赛下来后，他心里有数了。他暗暗地使劲：下回看我的了！

又一次比赛在即，各班都在摩拳擦掌。

"老师，我要参加这次体育比赛。"在班上报名参加比赛项目时，李幼邻第一个站了起来。

班上一下议论开了，因为在他们的心目中，这位小个子的东方人似乎与体育联系不起来。

"同学们，大家静一静，静一静。"老师敲打着讲台，转身问李幼邻："幼邻同学，您准备参加哪项比赛？"

"游泳。"

"游泳项目中的哪一项？"

"全部。"

"全部？"

"是的。"李幼邻自信地点了点头。因为在广州求学的 6 年时间里，他的游泳技术已经出类拔萃了。

不鸣则已，一鸣惊人。果然，李幼邻在游泳比赛中大获全胜。

他像一条水中蛟龙，在人们惊讶的目光中和前所未有的喝彩声中，他所参赛的项目都得到名次，为班上、为学校赢得了荣誉。

从此以后，李幼邻经常代表校队参加各种游泳比赛，屡屡获奖，因而也成了学校的新闻人物。

大学一共 4 年。

前两年，李幼邻学的是基础课，后两年他选修政治、经济两个专业。

功夫不负有心人，铁杵终于磨成了针。

1942 年，李幼邻大学毕业。

他所选学的两个专业都得了 36 个学分，以优异的成绩向学校、向老师、也向自己交了一份令人满意的答卷。

在威斯康星州贝莱特学院毕业后，李幼邻又到芝加哥大学研究院攻读硕士，研究人事管理，历时一年零九个月；紧接着他又去攻读博士。就在他刚刚读了一个学期的时候，他意外地接到美国征兵局的通知：要他当兵上前线。


真是事起突然。

那时，李幼邻还没有加入美国国籍。可美国征兵局却明确通知，中美两国是同盟国。现在大敌当前，要共同打击敌人……

李幼邻只得仓促应征。

应该说，李幼邻的体质一向都不错，长年的游泳锻炼，使其拥有健壮的体魄。可有些事就是奇怪，那天李幼邻去应征体检时，恰好胃非常不舒服，难过的几乎让人掉泪。

负责体检的医生，很同情这位来自地球另一端的年轻人，尤其当他知道这位应征者还是在校学生时，恻隐之心油然而生。

世界很大，有时也很小。在聊天中，这位医生没想到自己的祖父与李幼邻还是同一所学校的先后校友。

他们聊得更热乎了。

他们的心贴得更近了。

就这样，虽萍水相逢，素昧平生，却古道热肠。这位医生便在李幼邻的应征体检表上签下了"体检不合格"的意见。

凡有人类的地方，都充满着爱。这种爱，或出于正义，或寄以同情，或缘于情感，都会让人回味无穷，都会让人永志不忘。

岁月悠悠，往事如流。在历经半个多世纪后，当李幼邻谈起这件事时，他仍激动不已，他充满着感激之情，他珍惜这种体现着人性与博爱的友谊。

世上有些事确实可以用"无巧不成书"来解释，就在李幼邻应征体检"不合格"的当晚，电台就传来欧战结束的消息。

这是 1945 年 5 月。

当时，李幼邻的心情是何等的高兴、何等的轻松啊。他邀请了几位朋友，通宵达旦地乐呀，饮呀，跳呀。

因为此时，整个美国都在欢腾，在陶醉，在庆祝。

李幼邻本来就不胜酒力，在几个朋友的"狂轰滥炸"之下，没过多久就觉得头昏脑涨了。回到宿舍，他"咕噜咕噜"地喝了好几口水，一头躺在床上，喃喃自语着："战争结束了，战争结束了……"

不知过了多久，李幼邻醒了，他想起来走走，可浑身无力，走起路来轻飘飘的，于是又一头躺下了。

欧战胜利了，对李幼邻来说不仅仅是用不着去效力疆场的问题，如同饱受战乱的人所渴望的一样：战争早一天结束吧，世界早一天安宁吧。

但是，李幼邻的心情并没有多少轻松。想着天各一方的亲人，想着仍被战火笼罩的故园，他仍然是愁肠百结，悲从中来。

他不理解，战功赫赫的父亲不知何故从第五战区司令长官的位置调任闲职的汉中行营主任；他更担心，与自己相依为命的母亲，正随着逃难的人流颠沛流离，从桂北到桂西……

加上此时，李幼邻已经结婚成家，生活的压力也使得他体会着现实的严峻与做人的艰辛。

在此种情况之下，李幼邻已无心思再读书了。

从此，他告别了大学生涯。

# 第三章 商海沉浮

## 生意场上有输有赢

1945年6月，李幼邻与太太珍妮带着大女儿玛茜举家迁往纽约。

历史记录着这样的事实：

当第二次世界大战的硝烟在欧、亚、非大陆弥漫的时候，据有关资料统计，美国曾进行过国情调查，同情中国的占43%，同情日本的占2%。因为在汤姆大叔的心目中，"如果日本统治4亿多中国人，将意味着将我们赶出太平洋。"

在反法西斯这个问题上，美国最初对东方战场、对中华民族的浴血抗战是漠视的、旁观的，甚至在抗战初期还向日本倾销了大量的钢铁。当美援物资源源不断的运往欧洲时，在远东战场上，中国的军人则只能以血肉之躯、落后的兵器对付着悍敌的钢铁炮弹。其惨烈程度，其伤亡之大，触目惊心。据说后来援华的美国飞虎队那一百多架飞机，还是陈纳德将军恳请美国总统罗斯福，从援欧物资中抠出来的。

在美国本土，看不到白骨累累、哀鸿遍野的惨境，更看不到战争给社会、给人民带来灭顶之灾的情景。倘若不是珍珠港上空凄厉的爆炸声，美利坚大地犹如世外桃源。相反，战争像一块酵母，刺激着无限的商机，滋润着美利坚合众国这块得天独厚的土壤。

天气渐渐热起来了，树上的蝉鸣无不撩人心烦。从大西洋吹来的又咸又潮的阵阵海风，使李幼邻心中平添了几分烦躁。

"阿邻，不管如何，我们得想法子找工作。你想想，我们一家三口都要开销啊！没有收入，上帝是不会恩赐我们的。"

刚吃完晚饭，珍妮就嘟嚷着说开了。

谁不为工作揪心呢？

这些日子来，李幼邻几乎不能入眠。想想前些年自己忙于学业，虽然成了家，但小日子还能马马虎虎地过，似乎没有多少忧虑。但打出校门后，心里突然有一种失衡的感觉，成天无所事事，不知干什么好。他自己跑到市场上一看，虽说商机无限，可就找不到适合自己的工作。他也不止一次地托人帮忙，但反馈回来的几乎都是令人沮丧的消息。

一家三口，首先得解决衣、食、住的问题。其次，自己今后如何发展，如何挣钱，如何肩负起一个丈夫与父亲的责任，这些问题都很现实地摆在李幼邻的面前。

此时，李幼邻的整个思维，才真真正正地从天真烂漫的学生时代，转到了真真实实的柴米油盐阶段。

谁说不是呢！到美国 8 年来，他的经历实在是简单得很，从这个校门进，又从那个校门出，从学生到学生，无须为生活、学习忧愁。可现在不同了，他已经成了家，已经进入了现实的社会，已经接触了活生生的生活。所以，他越来越感到经济的拮据和生活的压力。

他有时甚至感到后悔：要是不这么早结婚就好了，要是没有小孩就好了。

但是，世上药千种，哪有后悔药。

哈德逊河不舍昼夜地由北向南流淌着，两岸的景色随着季节的变换，也在不断地更替着不同的着装。李幼邻没有半点心情去欣赏这四时风景，只有那喧嚣的都市气氛，如同排山倒海的巨浪，每每刺激着他的每一根神经。

美国是一个讲究平等的社会，也是一个充满竞争的社会，更是一个严酷的社会。在这个社会里，谁管你是达官贵人之后，谁管你有什么后台，大家都在同一起跑线上。一样的原则，一样的市场。商海中你死我活，弱肉强食，你想要混下去，那就全凭你的实力与应变能力。

像李幼邻这样刚出校门的初生牛犊，在择业上、在生意场上碰到钉子，完全是可以理解的，甚至也是预料中的事情。当然，除了市场因素以外，像他那种身份的人，好高骛远当然也是一个很重要的原因。

在家里待得实在太烦闷了。

这天，太太珍妮带着女儿出去了。百无聊赖的李幼邻在家里转来转去，不知如何是好。"何不约几位朋友来聊一聊呢？"很快，他拨通了几个电话，电话那头也很快就应约了。

原来，这几个朋友也都闲着找不到活干。几杯冷酒下肚后，这几位同病相怜的年轻人，一个个慷慨激昂，他们抱怨残酷的战争，抱怨冷酷的社会，更抱怨冷漠的人情……

可李幼邻觉得，老是这样怨天尤人，终归不能解决问题。既然现实严峻，就应该以现实的态度，去对待严峻的现实。

于是，他理了理思绪，对这几位酒已半酣的朋友说：

"上帝不同情弱者，我们还是以积极的态度，立马找事情做才是上策。"

是啊！此话没错，也提醒了这几位情感冲动的年轻人，但找工作又谈何容易呢？想想华人在美国的社会地位，想想他们每个人所碰到的钉子，他们不禁又破口大骂美国这个鬼社会。

"难道我们就这样等死吗？"李幼邻说得有点刻薄。

最后，这几位年轻人也觉得李幼邻说得还是在理，光骂是解决不了问题的，因为天上不可能自动掉下馅饼来。

经过了冷静的思考和分析，他们最终还是达成了共识：

漫漫长路总有尽头，世界大战终究要结束，与其坐以待毙，不如抓紧时间、抓紧机会创办实业，说不准还有个出头之日。

说干就干。这几位年轻人经过讨论后，决定生产电容器。

因为除了李幼邻外，这几位朋友对电容器比较在行，而且他们一致对生产电容器的前景看好。根据当时的情况以及大家的经济实力，决定每人先出资四千美元。

就这样，李幼邻的经商生涯就在这四千美元的基础上开始了。

立项后第二天，这几位热情高涨的年轻人又聚集在一起。他们对有关情况进行了分析，对有关资料进行了论证，决定把办实业的基地定在香港。

至于他们为什么把办实业的基地定在香港，幼邻先生没有解释，笔者也来不及就这个问题刨根问底。

不过，当我们今天回过头来探讨这几位年轻人的决定时，应该说对这个决定或许还是有着可以理解和认同的成分。

首先，他们的本钱实在太少了，每人出资四千美元，总共加起来才两万美元的投资，在美国那里可以说难以成事，甚至无法成事。

其次，亚洲劳动力市场相对比较便宜，且劳动力资源丰富；香港尽管地价不菲，但比起美国本土，还是有差距。

最后，这几位从中国大陆去美国谋图发展的年轻人，不远万里地回到香港创办实业，是否是一种故土情结的驱使呢？

1946 年初，李幼邻和他的几位朋友来到了当时英国人统治下的香港。

为了省钱，他们乘坐海轮在太平洋上漂呀，荡呀，好不容易才从大洋彼岸到达此岸。一到香港，他们顾不上歇息，就马不停蹄地张罗起来了。

做任何事业，天时、地利、人和，缺一不可。诚如古人所言：谋事在人，成事在天。遗憾的是，这几位年轻人此时到香港创办实业，的确有违天时。

香港本来就寸土寸金，时值大陆国共两党重燃战火，兄弟操戈，时局动荡，人心惶惶。大陆的资金源源不断地流入，不少内地的工厂也陆陆续续搬迁过来。这无疑提高了香港土地的含金量，同时也增加了生产的成本和商品竞争的力度。

而李幼邻他们总共才两万美元的前期投资，显然是小家子生意。尽管一出马就碰到这些原先估计不到的情况，但经过不懈地努力，他们最终还是在香港租到了一块场地。

从新建厂房、安装设备、招工培训到产品投产，这几位年轻人整整折腾了两年时间，他们的电容器终于生产出来了。

然而，一个严峻的问题横亘在这些热情有余、经验不足的年轻人面前：他们的产品无法进入市场。

他们一下子像泄了气的皮球一样——蔫了。

这几位涉世不深的年轻人，原先都比较自信。他们相信只要有产品，有东西，就自然会有销路。而且随着电器的广泛应用，他们生产的电容器就会有广阔的市场。

但他们这种想当然的主观想象，与现实差距实在太大了。

一则他们对当前领导商品的时代潮流缺乏清醒的认识。在老牌的欧货和美国商品面前，你一个名不见经传的小厂生产的东西，市场和用户怎么会一下就接受和认可呢？在产与销之间，存在着一个过程与连接，存在着市场和用户的检验。

其二，这些年大家忙于解决生产过程中的种种问题，而恰恰忽视了销售环节。在为生产过程中的技术问题、管理问题而搞得焦头烂额时，他们的的确确没有把产品与市场、产品与用户摆在相应的位置上。

如今，产品一下生产出来了，仓库里的成品越来越多，积压越来越大，而工厂不可能随时随地说停就停，雇请的员工也不可能在他们刚刚掌握技术之后就解聘，况且有合同在先……

在产品积压、销售不畅却还在继续生产的情况下，无疑要加大投入。尽管大家精打细算，紧缩开支，但处于一个正常运转的企业，毫无疑问没有资金是万万不行的。

产品销售成了他们的当务之急。

这个时期，对李幼邻来说也是其人生中的一个低潮和一个非常关键的关口。

家庭方面，自结婚后，小孩接二连三地来到人世间。从1942年结婚至今，短短七八年时间，4个小孩就加入了他们家庭的行列。

此外，他的母亲已经从桂林来到香港。一家人虽团聚在一起，可一个家庭7口人的开支，生活的压力，的确如同泰山般压得李幼邻喘不过气来。

破屋偏遇连夜雨，烂船又遇顶风浪。在如此艰难的情况下，费了九牛二虎之力生产出来的产品偏偏没有销路。

在香港的这些日子里，李幼邻与他的朋友们四处活动，找关系，托人情，始终没有效果。

面对着堆积如山的产品和流水似的开支，他们一个个忧心如焚，有时恨不得一股脑儿地把自己生产的电容器倒进维多利亚港湾里。

为了求生存，为了找出路，经过不断地求证和反复地思索，直到1950年，他们不得不在严酷的事实面前低了头：

那就是将产品以最低廉的价格卖给美国一家小公司，尔后这家小公司用他们自己的名义，再把产品转卖给别的公司。

就这样，他们眼睁睁地看着人家把产品的主要利润赚走了，自己的辛苦所得只是微乎其微的蝇头小利。

几位年轻人几年来的全身心投入，最后竟然得到这样一个结果，甭提他们有多泄气，心里有多不平衡。但在万般无奈的情况下，下策也为上策了。

李幼邻万般感慨地说，那时我们大家内心确实很痛苦，自己辛苦了一场，费尽了心血，生产出来的产品，最后却成了人家的东西。人家吃肉自己啃骨头，还得处处瞧人家的脸色。但产品进不了市场，这个严酷的事实，你不得不承认。

李幼邻与几位朋友在香港创办的实业，就这样不死不活地过了几年。

另外，这个时候李幼邻的整个家庭情况越来越糟糕了：

到了 1949 年年底，国民政府已经彻底地失败了。他的父亲李宗仁作为这个特殊时期的"国家元首"，只能眼睁睁看着"蒋家王朝"在大陆的覆灭，跑到美国"治病"去了。

再说，祖国大陆已经解放了，而从大陆传来的种种消息，也让他感到失望与沮丧。作为新政权对立面的李宗仁家族，他们的命运当然可想而知。逃离大陆的亲戚们一个个如惊弓之鸟，未能逃走的更是惶惶不可终日。

然而，最让李幼邻感到伤心和操心的是，他与太太、孩子们已于五十年代初从香港回到了美国定居，而他的母亲因美国移民局不批准，只能孤零零地滞留香港……

这位孝子原以为把母亲从大陆接出来，就可以尽享天伦之乐了，没想到美利坚合众国却让这位老母亲吃了闭门羹。

## 经商一世，终生无悔

月有阴晴圆缺，潮水有涨有落。

1958 年的钟声敲响了。

1958 年的钟声给李幼邻带来了两样吉祥的东西：一是他的事业出现了转机；二是他母亲移民到了美国。

几乎整个五十年代，李幼邻处于人生中的低谷：父亲政坛失意，落魄异邦；母亲不能移民，滞留香港；事业方面，可以说是空前失败。

李幼邻感觉到生活在那个时期，真是一种生不如死的痛苦、一种见不到希望与阳光的深渊，有时真想一走了之，以了却人世间的烦恼。

随着1958年的到来，许是命运的垂青，它给李幼邻低迷的人生注入了一股活力，从而也带来了一些好运，书写着他人生中最为辉煌的一个时期。

然而，李幼邻的事业转机却是从一个痛苦事件开始的——

这天，李幼邻家里电话骤响，话筒里传来了他的一位朋友突然病故的噩耗。当他心急火燎地赶到现场时，他的这位朋友已经永远地闭上双眼了。

眼看着昨天还在一起的朋友，转眼间撒手西去，李幼邻无限悲伤。他紧紧拉着朋友那双冰凉的手，呜咽着："你不该啊！你不该这么早就离我们而去啊！"

当时，他的这位朋友在纽约华尔街开着一家经营电器的公司，公司名称为 EWINGTOU（此公司的英文名称亦为幼邻先生亲笔在笔者采访本上所题）。

又一个游子客死他乡，又一座新冢面向东方。

安排完朋友的丧事后，几个人聚集在空荡荡的办公室里。故人已去，人走楼空。睹物思人，伤感无比。

谁也没有心思吃饭，谁也没有心情多说话。忧伤、压抑、茫然，笼罩着整个办公室。

朋友突然病故，而这个朋友又无亲人在美国，他所经营的这家公司该如何处置呢？最后，大家把目光集中到李幼邻身上，认为他一贯为人厚道，处事忠直。再说，在当时那种情况下，唯有李幼邻是最合适的人选。尽管李幼邻一再推辞，但在大伙的合力劝说下，他最后还是同意接手 EWINGTOU 公司。

从此，李幼邻也成了纽约华尔街上的一位老板。

此时，夜已深了。

望着空荡荡的办公室，望着放在办公桌上那串钥匙，而自己转眼间就成了那串钥匙的主人，成了这个办公室的主人，成了这家公司的主人，李幼邻百感交集。想想自己已经迈入不惑之年了，而事业上还没有真正的成就。父母亲那一边暂且不说，自己已有4个小孩了，而且这个时候，正是小孩需要花钱的时候。加上两口子，单是一家6口人居家过日子，各种开支和费用就够折腾的了……

如今，朋友突然病故，却让他接手了这家公司，难道是命运使然？

几只飞蛾不知什么时候飞了进来，围着墙上的荧光灯飞来飞去，不时地拨弄出扑腾扑腾的声响。墙角边失修的水管，正滋滋地漏着水。

李幼邻怀着既伤感又兴奋的心情，一个人静静地坐在办公室里，看飞蛾飞舞，听漏水滴答，想着自己的心事。

对朋友这家公司的业务，李幼邻是再熟悉不过的。它也是一家经营电容器的公司，严格地说，它只是一个中间商，规模不大，操作不复杂，人员也很少。不知是什么缘故，他的这位朋友这些年来始终没有把业务做好。

李幼邻接手后，为了减少开支，降低成本，他一个人忙里忙外的。洽谈业务，签订合同，外出推销，考察市场，甚至连打扫卫生、接听电话这些琐事，他里里外外都包了。他想，自己的生意还没做起来，没有什么好神气和张扬的。

通过市场调查，加上阅历的增长，也汲取了前些年在经营过程中的教训，李幼邻的经营策略灵活起来了，经商知识丰富多了，各种关系网络也日臻完善了。

面对着瞬息万变的市场，李幼邻深深感到，只有真正拥有自己的品牌，才会真正拥有优势；只有让自己的产品顺畅地进入流通领域，你的生意才能做得起来。

经过深入的市场调查和广泛的寻访用户后，李幼邻心里有底了。

因为他看到当时市场上销售的各种电容器，品种、规格、价格甚至质量都出入不到哪里去。当时全美国主要三家电器公司，主宰着整个市场的大部分份额。而这三家主导潮流的大公司，也都销售着他与几位朋友在香港投资厂的产品。

问题的关键是，过去产品一到了中间商那里，就出现滞留状态。

为什么不直接把商品一杆子送到这三家大商场和其他商场呢？商业以利润为原则，只要你让利，没有哪家商场不接收的。而他的朋友以前之所以未能把业务拓展开来，其症结就在中间环节出现梗阻现象。

于是，李幼邻决定改变以往等客上门的做法，变坐商为行商，主动出击，直接把商品送到商场，减少中间环节，没想到此举收到意想不到的效果。

这是一个秋高气爽的日子。

清风徐徐吹拂着，呆呆的秋阳撩拨得让人直想放声高歌。

早餐后，李幼邻驾着车，衣冠楚楚地向一家销售电器的大公司进发了。

"您就是电容器推销商？"没有半点客套，对方就问开了。

"是的。"李幼邻充满自信地答道："我不仅是电容器推销商，而且还是电容器的生产商。"

"何以见得？"对方似乎有些不信。

李幼邻笑了笑，指着陈列柜中的样品说："你们这些年销售的东西，就有我们的产品。"

原来，李幼邻一进门就注意到陈列柜里的样品了。

"哦！原来如此。"

经过双方协商，对方不仅爽快地接受了李幼邻公司的产品，而且由于让利，也使得商家非常利索地认可了商品价格。

李幼邻做梦都没有想到，第一回合竟如此顺利成交。

人逢喜事精神爽，春风得意马蹄疾。

从这家公司出来后，李幼邻倍感精神，他觉得天空更加广阔了，蓝天也更加碧蓝了，连在空中飞翔的鸟儿也格外翩翩了。

回到家门口，他自豪地摁了几声喇叭，好像是一种久违的感觉。孩子们听到汽车的声响，飞也似地跑了出来，一下围在他的身边。

望着一张张充满稚气的小脸，望着一个个祈盼的神情，李幼邻深深体会到一个父亲、一个丈夫、一个男人所肩负的责任。

他从车上下来，抱起最小的女儿，笑着对她们说："孩子们，我告诉你们，爸爸今天成功了，胜利了。"

在孩子们的簇拥下，李幼邻兴高采烈地进了家门。今天，他才似乎体会着一个凯旋者的滋味。

由于第一次出师大捷，李幼邻又信心百倍地跑了第二家，第三家……

结果，一切如愿以偿。

同样的产品，同样的市场，却是不同的结果。

通过这些经营活动，也让李幼邻看到了商品社会中的一些内涵。做生意实际上也是一门高深莫测的学问啊！"外行看热闹，内行看道道。"他想，过去那些销售电器的中间商，他们实在太狠了，他们就利用你对市场不熟悉这个弱点，先狠狠杀你的价，最后逼得你不得不就范，真是无商不奸啊！


是天意也罢，是必然也罢。从 1960 年到 1972 年的整整 12 年，是李幼邻经商生涯中最为辉煌的时期，也是他人生中最为得意的时期。

哈德逊河唱着欢歌滔滔地向大西洋流去，华尔街上空飘浮的白云，好像深情地向这位来自东方的老板祝贺说：

"好小子，你赢了，你成功了。"

这些日子，李幼邻的业务的确发展得非常顺利，一路高奏凯歌。看到一张一张合同书签订，看到一车一车的产品进入各个商场，甭提他内心有多乐。虽然人是累的，可内心是愉悦的，精神是充实的。当然，他的荷包也厚实了许多。

这些日子来，由于经济状况的变化，李幼邻家里的生活方式也随之发生了变化。那时，每到周五，李幼邻就驾着车，带上家人外出旅游，住上两天旅馆，或游泳，或登山，或滑雪，可谓惬意。

又是一个周五的夜晚。

太太珍妮与孩子们已经进入了梦乡，她们正养精蓄锐等待着周末的活动。

唯有李幼邻辗转反侧，睡意全无。透过窗幔，只见深邃的夜空里，挂满了点点繁星，无数的星儿不断地眨着不倦的眼睛，似乎要与耕夜人说悄悄话。

也许这是成功后的喜悦。

也许这是艰辛后的回味。

陡然间，李幼邻想起了命。因为，他以前曾去算过命，算命先生对他说过，在他最潦倒时会有贵人相助，当时他听后觉得只是好笑，世上哪有这种好事。可是，1958 年出现的这个转机，莫不是上苍在冥冥中的安排？这个公司不就是朋友留给他的遗产，留给他的发展平台吗？倘若没有这个机会，也许自己整个人生的历史就是另外一番景象了。

他从心里感激这位朋友，但他的内心却无限伤悲。因为朋友正值英年，正是大有作为的时候，正是发奋事业的时候，却因病而匆匆离世。朋友学的是电子专业，在电子行当中也搏击多年，终因打不开局面而清贫地离开了人世间。相反，自己没有学过电子专业，反倒赚了钱。

这一切，难道都是命运使然？

李幼邻说，想想五十年代，的确是个残酷的年代、绝望的年代，让人心寒的年代。除了家境衰落外，整个大环境对华人也很不利。当时的美国政府对华实行敌对政策，华人备受歧视，处处遭冷遇。当时在美国，几乎所有的餐饮业、理发店、洗衣房、杂货铺等这些被认为是贱活的行当，基本上都是华人在干。在万念俱灰的情况下，他的确想到过自杀，想一了百了。

没想到几年后，他发达了，他辉煌了。他成了华尔街上的老板了，他也像有钱人家那样有滋有味地过起日子来了。

他琢磨着：哦！人生原来只不过如此。

花无百日红，人无千日好。

在商品社会里，瞬息万变的市场又何尝不是如此呢？"胜者为王、败者为寇"的原则同样也体现在商界，这个残酷的事实是谁都不能抹杀的事实。

七十年代以后，随着日货的迅速崛起，李幼邻在华尔街经营的公司面临着生死攸关的挑战。他们的产品在市场竞争中愈来愈缺乏活力，愈来愈被摆在商场的旮旯。而铺天盖地、质优价廉的无数商品，很快就席卷着美国的整个市场。

在"不尽长江滚滚来"的情况下，别说像李幼邻这样的小公司，就是那些像模像样的大公司，也几乎顶不住市场新浪潮的冲击，只有面临着"无边落木萧萧去"的命运。

于是，从1975年开始，李幼邻所经营的公司出现了亏本。在亏本的情况下，他又死撑硬撑地坚持了10年。

此时，已是1985年了。

此时，李幼邻也已年逾花甲了。

没有功成名就的自豪感，只觉得今生今世已经尽力的李幼邻，在这种情况之下，再也没有心思、也没有能力去鏖战商海了。

最后，李幼邻亲手在华尔街经营了27年的EWING TOU公司，终于无可奈何地关门了。

这就是李幼邻全部的生意经和工作经历。


几十年生意场上的拼搏，有输有赢，有苦有甜。有人生得意时的纵情欢乐，也有直落深渊时的无限忧伤。

这一切，李幼邻耗尽了全部的心血，一步一个脚印地走过来了。从青年、中年到晚年，留下了自己感到既有欣慰也有遗憾的脚步声。

古往今来，有多少帝王将相、王亲贵族，一人得道，鸡犬升天，而李幼邻似乎成了另类。1947年，他举家从美国回来，并与太太打算好了，拟在国内发展。此时，他父亲任北平行营主任，后来任国民政府副总统，不久后任代总统。

可是，李幼邻没有去依傍父亲这棵大树去求仕，也没有在父亲的荫庇下去发财。尤其是四十年代末，他曾在上海一家外贸公司工作期间所体会到的官场、机关中那种格格不入的气氛后，他义无反顾地离开了他认为非常污浊的地方，甘愿经商，而且立志要凭借自己的力量去奋斗，去闯一番事业，去品味其中的苦与乐。

今生今世，李幼邻对自己的人生选择无悔无恨。尤其是看到自己的父亲宦海沉浮之后，他更加认定自己所走的路是对的。

# 第四章　家庭与爱人

## 太太珍妮

李幼邻年轻的时候，有一次，他的一位朋友给他算命，说他这辈子发不了大财也不至于过苦日子，还说他这辈子要娶两个太太。

当时，李幼邻不以为然，还说人家满嘴荒唐言。谁知后来果然应验了：他虽有着一般人所没有的家庭背景，但他始终没有成为富甲一方的大亨；而且如同算命先生所言，他还真的先后与两位女子过着日子。

珍妮是李幼邻的第一个太太。

她是一个长得非常漂亮的混血儿，其父是广东人，其母是波兰人。

不论是笔者与幼邻先生的湖北老河口之行、从襄樊到柳州的千里铁道线上的漫聊，还是在广西临桂县两江李宗仁故居的参观访问，抑或是在桂林市叠彩路一号"李秀文故居"的采访，只要一提到珍妮，李幼邻总是情不自禁地神采飞扬。从老人闪烁的眼神里和激动的话语中，可以看出他曾经拥有过的幸福与自豪。

前面已经说过，李幼邻在大学时代已经成长为一位帅哥了。而且由于他体育出众，游泳成绩特别骄人，他早就是学校里的新闻人物。

尽管他个子不是很高，但他风度翩翩，潇洒，很有儒雅气质，所以深得女孩喜欢。倘若不是他自己为了学业而关上心扉，他大学时代的爱情故事也许将是色彩斑斓的。

据李幼邻的表嫂谭明说，李幼邻与珍妮的爱情是从一个朋友家聚会开始的。那天，当时还是在校生的李幼邻应邀来到一个朋友家，猛然间他看到一位非常漂亮的女孩，简直就是一位天使，她像一只美丽的蝴蝶在人群中飞来飞去，她的美貌和气质一下就把他吸引住了。

这位貌美且又活泼、一眼就让李幼邻怦然心动的姑娘就是珍妮。

从此以后，李幼邻展开了猛烈的攻势，两个年轻人很快就坠入了情网。

1942 年，这对来自不同国度、有着不同肤色、受着不同文化熏陶的年轻人走进了婚姻的殿堂。

这一年，李幼邻充其量也就二十二三岁。

在离开故国只有 5 年时光，在经济尚未自立，而且还在学校继续深造的情况下，李幼邻匆匆地踏上了爱情的方舟，匆匆地进入了家庭的角色，过早地为人夫、为人父，是罗曼蒂克？是当时战时风气所致？是羁旅之人空虚的情感寄托？或者是其他方面的原因？只有当时当事人的双方才能做出比较清楚的解释。

春天随着飘逸的杨柳和呢喃的燕子，飞入了年轻人的心田。花前月下，卿卿我我。初恋的纯真，新婚的甜蜜，让这对远离硝烟的年轻人，尽情享受着青春与爱情的欢乐。

"阿邻！你们家乡是一个什么样子呢？"有一天，珍妮好奇地问着李幼邻。

"我们家乡是世界上最美丽的地方。"

珍妮立刻问道："这是你自己说的，还是别人说的？还是你自己的真心体会？"

李幼邻当然很自豪地解释说："我的家乡在中国南部一个叫作桂林的地方，自古以来就有'桂林山水甲天下'的说法。那里的山，挺立得像妇女头上的簪子，长得奇形怪状，让人想象不出大自然能有这样的造化。更神奇的是我们家乡的水，那里有一条江叫作漓江，像一条绿色的飘带从桂林城东缓缓流过，江水清澈见底，还可以看到鱼虾在水中游动呢。"

听得入迷的珍妮不禁插了嘴："如果真的是这样，那你应该带我去看看哦！"

"那是当然的事。"李幼邻不假思索地答着。

"那你得说话算数。"珍妮伸出右手，要与李幼邻击掌为誓。

"当然算数。"李幼邻也伸出右手，用力地击着掌。

遗憾的是，这位在美国生、美国长的桂林"洋媳妇"，始终没有踏上令她神往的桂林。

我们可以想象，当她 1947 年全家回国时，身边已有两个小孩拖累，当时李秀文又住在上海，而李宗仁则在当时的北平。且当时内战已爆发，时局不稳也令珍妮在中国感到不安。1949 年以后，她想到桂林看看的这个愿望更加渺茫了。尔后，随着家庭情况的变化，也随着年岁的增长，李幼邻年轻时答应过要带媳妇回桂林的允诺，终将成为泡影。唯一能得到宽慰的是，他们的二女儿却不止一次回到过这个有着她的根、有着她母亲的梦的桂林，并以文字表达了她的缱绻乡思与无穷思念。

李幼邻婚后第二年，大女儿出世了。女儿的早早到来，给这对年轻夫妇带来欢乐的同时，也带来了生活的压力。

此时，李幼邻已大学毕业，紧接着又去芝加哥大学读硕士。年轻能干的珍妮，忙里忙外，把小家侍弄得妥妥帖帖。加上当时他们还没有经济上的忧虑，感觉到小日子还是过得美滋滋的。

直到有一天，一张美国征兵局的征兵通知，真把他们夫妇搞懵了。

原来，李幼邻心里一直比较笃定，认为自己还没有加入美国国籍，像当兵这种事情肯定轮不到自己。看到一批一批的年轻人上前线，他有时仿佛觉得自己成了局外人。所以，当他一接到征兵通知时，他和太太在精神上是完全没有准备的。

那天一进家门，当时在厨房侍弄饭菜的太太，似乎看出丈夫心中有心事，问他："怎么啦？有事吗？"

李幼邻淡淡地说："没事，你忙你的吧。"

吃完晚饭后，当李幼邻把征兵一事一说，珍妮惊讶得把一摞洗好的碗碟失手跌落，把在一旁的女儿吓得"呜呜"直哭。

在当时那种情况下，你所在国家要你去当兵，而且言之凿凿。不管是谁，似乎都没有任何理由逃避国家的这种"公差"。

这下，真把这对年轻夫妇给难住了。

那夜，屋里出奇的宁静。女儿早就睡着了，珍妮在一侧伤心地哭泣着，李幼邻心里很乱，一时也想不出什么法子，只好静静地在床上躺着。反正他觉得，不管你个人怎样想，明天一早就得去体检。

虫声唧唧，月光如水。水银般的月光正轻飘飘地透过窗纱，洒满了整个客厅。窗外的各种昆虫使劲地鸣叫着，哪管人世间还有苦恼与忧愁。一阵阵暖风吹过，时不时飘来沁人心脾的花香。

如此美好的月夜，竟让李幼邻夫妇愁肠百结，夜不能寐。他们似乎听到了边关万鼓齐鸣的冲锋号角，他们仿佛看到了战场上你死我活的惨烈景象。

珍妮伤心地哭泣着，她紧紧地搂住李幼邻，生怕稍一松手，自己的丈夫就会离她而去，就会奔赴前线。

因为他们心里都非常清楚，在美国这块土地，国家有难，要男人上战场，是没有人甘愿冒"逃兵"这个罪名而忍辱偷生的。

也许是急火攻心，到了下半夜，李幼邻突然感到胃急剧地痛了起来，直在床上打滚。珍妮慌了，又是找药，又是倒水，一直折腾到天亮，珍妮才送李幼邻去医院。

不过，今天李幼邻上医院，却是另外一番意义。他不是去看病，而是去进行征兵体检。

李幼邻在这个人生转折的过程中，遇上了一位很有人性的医生。他得知李幼邻还是一个在校学生，而且还没有加入美国国籍时，便在李幼邻的体检表上写明"应征体检不合格"，这让李幼邻终生都铭记着这个医生的博爱胸怀。

体检出来后，李幼邻看到珍妮在走廊的座椅上睡着了。李幼邻一阵心酸，不禁落下泪来，太太昨晚为了照顾他，竟是一夜未眠啊。他想夫妻之间，只有在这样的关键时刻，在这样的紧要关头，才能真正体现出那份浓浓的情与甜甜的爱。

李幼邻轻轻地走过去，拍了拍珍妮的肩膀，附在她耳边轻声说："亲爱的，我们回家吧。"

当晚，电台传来欧洲战场战事结束的消息。狂欢之余，李幼邻夫妇却有一种劫后余生的沧桑感觉。


1946 年的风雪似乎来得特别早，处在事业低谷中的李幼邻，心境与天气一般阴冷。他与几个朋友在香港创办的实业几乎没有任何起色，而且在整个过程中，资金、技术、设备等问题，时时困扰着他们。

因为业务的需要，更因为李幼邻无不牵挂着久别的妻子与女儿，在这天寒地冻的时节，他回美国"探亲"来了。

家庭是温暖的，回家是愉快的。当李幼邻风尘仆仆跨入家门，看到自己心爱的太太一手抱着二女儿、一手牵着大女儿迎风站立在门口时，他立刻放下手中的行李，紧紧地把她们母女仨搂在怀里。

可细心的妻子发现，这次丈夫回来，话语不多，有时他一个人呆呆地坐在沙发上，两眼茫然望着窗外，还时不时地长吁短叹。珍妮有时也想让大女儿玛茜去逗他爸爸乐，可玛茜一看到父亲那副严肃与忧愁的样子，她总是怯生生地离得远远的，不敢上前与自己的父亲亲热。

"阿邻，你可得要注意身子啊！"待两个女儿熟睡后，珍妮心疼地对李幼邻说。

"我没事的，只是我们在香港的业务实在太困难了。"

珍妮说："我记得你曾对我说过，你们中国不是有句古话叫什么来着，好像是'谋事在人，成事在天'吧？你们在香港的业务，不是你急就能急出来的。况且，我们一家的小日子也还过得去，你可别把身子搞垮了，我和女儿们都需要你。"

李幼邻心里感到很难过："我太对不起你们母女了。"

"阿邻，千万不要这样想，有人才有一切。实在不行，你就别在香港做了，你撤出来算了。"珍妮建议道。

李幼邻赶紧接着说："我不会在我们大家最困难的时候，做出对不起朋友的事情。守信诺，讲信用，也是我们中国人一个很重要的原则。"

珍妮不吱声了。

李幼邻终于病倒了，而且这一次着实病得不轻。

刚开始，他们夫妇以为随便吃点药，挺一挺就过去了，用不着住院。尤其是李幼邻，一方面考虑到住院花费太大，另一方面他也看到太太要照顾两个小孩，实在抽不开身。但在家里"挺"了几天后，李幼邻高烧一直不退，有时竟还说起胡话来。珍妮也不管李幼邻愿不愿意，就赶紧把他送进了医院。

数九寒冬，窗外的狂风卷着雪花漫天飞舞着，落了叶的树木倔强地挺立在寂寥的夜空下，显出几分狰狞。

不知过了多久，李幼邻睁开了眼睛，发现自己正躺在医院的病床上，床头还有挂着吊针的瓶子，一身疲惫的太太趴在他的病床边睡了。

看到太太如此辛劳的样子，李幼邻心里隐隐作痛。再想想自己在香港的这些日子，家里的一切全靠太太在打点。单是照顾那两个孩子，就够让人操心的。而如今自己又病倒了，太太既要料理自己，还要照顾家里的小孩，实在是难为她了。

病房里静得很，也暖和得很。李幼邻不忍心在这个时刻把太太弄醒，他多么希望他的太太能多休息一会儿，多歇一会儿。

"哎呀！我怎么睡着了。"珍妮揉着惺忪的眼睛自言自语。即刻，她又去摸了摸李幼邻的额头，轻声说着："上帝保佑，终于退烧了。"

想到两个小孩在家里，李幼邻不放心，他想让珍妮回家。但贤惠的太太坚持要等他打完吊针才走，李幼邻就不好再多说了。

直到凌晨三点多钟，珍妮才穿上厚厚的大衣，迎着漫天飞雪，赶回家里去。

望着珍妮消逝在迷茫风雪中的身影，听着珍妮在雪地里渐行渐远的脚步声，一个强烈的念头在李幼邻心中闪过：

有家的感觉真好。

## 回国之路

抗战胜利了，本该太平了。但内战还是不可避免地爆发了。此时，李宗仁任北平行营主任，打从抗日前线下来后，他又被卷入另一场诡秘凶险的政治旋涡中去了。因为他本身就是一位政治人物，而且是一位重量级的政治人物。否则，蒋介石怎会如此防范和打压呢？

虽然身为华北最高行政长官，可是李宗仁手中并无实权啊！他无所事事，百无聊赖。闲暇之余，他想起了已经离国十年的儿子，想起已经在美国成家的儿子。他原来打算让儿子回国工作，因为凭他的社会地位和关系，为儿子谋一份差事完全不是问题。但是儿子有自己的想法，始终对在国内发展不感兴趣。于是，他只好让儿子带上儿媳与孙女，先回国看看再说。

1947 年的春天格外迷人，和煦的春风轻轻地吹拂着平静的湖面，湖面泛起了一道又一道的涟漪。湖岸边的垂柳，在春日的阳光下，转眼间由点点鹅黄变成串串翠绿，尽情地在春风中飞舞着，把毛茸茸的柳絮漫天飘洒。

接到父亲的来信了，父亲要他们回国，可李幼邻心里有一些矛盾。归心似箭那是当然的，与父母离别整整十年了，其间有着多少牵肠挂肚的思念与忧愁。尤其是自己的母亲，在战乱中颠沛流离，身体可好？精神可好？

他多么想一下就回到父母的身边，回到他那魂牵梦绕的故乡。可一想到现实，他不禁又掂量了一下：旅途太遥远了，两个只有几岁大的小孩，是否经得起大海的风浪与千里迢迢的颠簸呢？

李幼邻向来为人沉稳，处事老练，性格内向。但有时也喜怒形于色，只要他有心思，珍妮就会敏感地觉察出来。今天他接到父亲的来信，回家后那副表情自然也逃脱不了珍妮的眼。

"亲爱的！今天遇上什么事了？"一进门珍妮就问开了。

李幼邻从提包里掏出父亲的来信。

正在厨房忙活的珍妮接过话头："你明明知道我不懂中文，别逗我了，亲爱的，有什么事你就直说吧。"

"爸爸与妈妈要我们全家回国去，他们说很想念我们。"

珍妮态度非常明确："那我们全家回去就是。再说，你也答应过要带我回去的。"

"两个小孩经得起折腾吗？"李幼邻有点放心不下。

"哎呀！你真是老夫子，小孩没事的，我会很好地照顾她们的。"

一决定要回国，夫妻俩顿时忙开了。

李幼邻当然是无限的感慨，当年孤身一人出来，转眼间一家四口回去，的确今非昔比。然而，他考虑最多的还是今后的生活立足点问题——究竟是回到国内发展还是在美国谋生？

自己的父亲希望自己能回国内发展，以报效祖国。但自己回去究竟可以做些什么呢？又能够做些什么呢？

混迹官场非己所愿，靠父亲接济等吃闲饭也不可能，另起炉灶做生意又缺乏资本。想想自己与朋友在香港所创办的实业，其中艰难的滋味的确让人刻骨铭心。基于种种考虑，李幼邻与太太作过商量，回国后如情况、条件许可，就在中国发展；如不行，再另作打算。

由于有了这样的指导思想，所以他们这次回国，基本上是"搬家式"的行动，就连小汽车和冰柜这些大家伙也都弄了回来。当然，或许在李幼邻的心灵深处，也有着一种衣锦还乡的自豪与炫耀，说明自己这些年在美国混得还不错。

一想到这个遥远的东方大国，珍妮立刻联想到这是一个神秘的、不可思议的国度。她不理解，一个有着几千年文明的大国，为什么近代老是被外族入侵？她不理解，为什么日本人已经被赶走了，这个国家不是全心全力地搞建设，而是还在没完没了地打仗？

当然，她考虑最现实、最多的还是如何面对公婆的问题。

随着回国日期的临近，一种兴奋与不安的情绪在珍妮内心交织着。是啊！自己已经做了5年李家的儿媳妇了，却还未与自己的公公婆婆谋过面，两个孙女也都没见过她们的爷爷奶奶。

"他们会怎样对待我这个洋媳妇呢？"珍妮经常在想这个问题。

"亲爱的，别胡思乱想了。我早就跟你说过，我的父母亲都是非常善良和厚道的人。他们一定会很爱你的，也一定很爱我们的女儿。"李幼邻总是这样宽她的心。


1947年5月中旬，李幼邻一家四口终于到达上海黄浦码头。

儿子天涯归来，母亲望穿秋水。在熙熙攘攘的人流中，李幼邻一眼就看到了离别十年的母亲，他赶紧跑了过去，使劲地拥抱着自己的母亲。他哭了，母亲也哭了。直到前来接站的一位表亲提醒，李幼邻才转身把珍妮与女儿带到母亲跟前，与母亲见面。

此刻，一股暖流注满了李秀文的心田。儿子一别十年，已长成堂堂汉子，且已成了家。儿媳漂亮温柔，两个小孙女活泼可爱。她觉得，还有什么比这更幸福的呢？

亲人相聚，骨肉团圆，一家三代，其乐融融。在上海的这些日子，李幼邻陪着母亲、带着妻儿，走马路，逛商店，尽情享受着天伦之乐。

听到儿子一家人已经归来，远在北平的李宗仁当然希望能早日与他们见面。从李宗仁内心来说，他总觉得这辈子是他亏欠了他们母子俩。

如今，儿子回来了，儿媳回来了，孙女也回来了，李宗仁正以喜悦的心情等待着与家人团聚。

6月初，李幼邻与母亲、带着妻儿由上海乘车北上。令李幼邻感到意外的是，他们到达北平站时，父亲竟亲自前来接站。不仅如此，在以后的三个月里，李宗仁还时常陪着他们活动，一起游览故宫，一起品尝全聚德烤鸭，一起听京剧，甚至常与小孙女逗乐。

北平的夏天，当然比上海凉爽多了。为了让儿媳、孙女们住得舒适，李宗仁把他们安排在东总布胡同一座古老的庭院里。那里，高墙大院，曲径通幽，环境雅致，鸟语花香。姹紫嫣红、树荫满地的庭院，成了孩子们游玩的乐园。

那段日子，珍妮开心至极。她驾着李宗仁调给她专用的防弹轿车，逛颐和园，游北海，上天坛，到处都留下了她们的欢声笑语。郭德洁还送给她一个钻石坠子，也让她感念多年。

知父莫如子，只有细心的李幼邻能觉察出此时父亲内心的空洞与压力。

因为他知道，父亲如今在这个位置上，实际上是蒋介石把他架空了。尽管北平行营从理论上管辖两个战区（第十一、第十二）、五个省（河北、山东、察哈尔、绥远、热河）和三个市（北平、天津、青岛），可是蒋介石哪会如此放心把这么一大摊家当放手交给他父亲主掌呢？你看那些中央在华北接收的各个机关，根本不把李宗仁放在眼里，他们有事直接与中央主管联系，所谓的北平行营机构，实际上成了一个空有其名的摆设。连行营下属长官的更调、撤换，身为行营主任的李宗仁事前竟一无所知。像北平市长、天津市长这样人选的更换，蒋介石都不肯透露一声，只把他蒙在鼓里，事后见报了李宗仁才知晓。可见，他这个行营主任当得有多窝囊。对一个雄心勃勃的人来说，无异于就像一只老虎被强行关在笼子里。

所以说表面上李宗仁拥有着至高无上的权力，而实际上手中无权啊！他不仅无法指挥调动部队，连特务在北平城横行，他都无法干预，往往只有干瞪眼的份儿。

再说了，从大局上看，此时的国民党军队处处失利，共产党已经把战争推到了国统区，标志着国共两党力量已经出现了历史性的逆转。

另外，家事也并非尽如人意啊！

自抗战胜利后，郭德洁如同天马行空一样，来来回回地跑桂林，办学校，办孤儿院，可谓风光一时。而她却还时常要管束李宗仁，弄得李宗仁心里老大不快，甚至还有半夜跑到怀仁堂、而不住自己官邸的别扭事。

而珍妮哪知这些内幕呢？

一天，他们一家从天坛游览回来后，李宗仁在一家豪华的酒店请他们品尝旧时的宫廷菜。古色古香的餐具，丰盛可口的饭菜，真让珍妮大开眼界，她想象不出中国的饮食文化竟有着如此丰富的内涵。

回到住处，兴奋不已的珍妮竟在客厅里喝起酽酽的浓茶。

"你平时不是滴茶不沾吗？今天怎么啦。"李幼邻提醒道。

"我今天太高兴了，顶多今晚不睡觉了，你陪我说说话吧。"许是几杯白兰地的作用，珍妮的脸灿烂得像花朵。

"阿邻！爸爸对我们太好了。"

因为在珍妮的直观中，作为位高权重的父亲，竟能以如此和蔼可亲、平易近人的态度对待家人，实在了不得。

"你该有体会了吧，我早就给你讲过，我的父母都是很厚道的人。"

"我看得出来，爸爸对你好像是出于礼节，而对我们却是非常的热情。你想想，在美国我能开上防弹小汽车吗？"

"那你知道为什么爸爸专门调一辆防弹车给你使用吗？"

"我怎么知道。"

李幼邻调皮地说："那我告诉你好了，是因为你太漂亮了，爸爸怕你被人抢走。"

"你真坏！"珍妮做出嗔嗔地样子。

李幼邻说："不过，我还得实话告诉你，这个北平城的确不一般啊！蒋介石先生把我父亲弄到这里来，你想想能有什么好事，他是怕我父亲权力太大了，我父亲是功高震主，蒋先生才做这样的人事安排，他是把我父亲高高挂起来，上不着天，下不着地。我父亲身为行营主任，表面上是华北最高军政长官，但在实际上这是无法施展权力的差事。你看那些中央的接收大员，哪会把我父亲当作自己的长官，只有擦屁股的事才让我父亲去处理。还有那些负责华北肃奸的特务人员，横行霸道，浑水摸鱼，敲诈勒索，草菅人命，简直无法无天。而我的父亲知道后，也只有生气的份儿，因为处理不了，他们的后边都连着中央啊。另外，现在北平这里中共地下党的活动也很活跃，谁敢说一切都太平无事呢。我听说中央大员去游西山，都是戒备森严的。你说我这样的分析是不是有一定的道理？"

"听你这样一分析，还真是这么一回事。今后我们开车外出，看来还得多加小心，少去郊外吧。"珍妮接着说："我觉得那次见到小妈（指郭德洁）时，你的态度比较冷淡，可她对我可热情了。"

"你不了解我们的家事，你当然不能体会我的心情。"李幼邻不冷不热地回敬道。

母亲和孩子们今天玩得都累了，都早早歇息了。夫妻俩边喝茶边聊天，似乎都还在兴头上。

珍妮起来关上客厅的大灯，整个光线顿时柔和了许多。

"亲爱的，我们回来已经有些日子了，你还没有谈到对妈妈的印象。"李幼邻单刀直入。

"妈妈是一个非常好的人。她心地善良，待人热忱。她总怕我累着，总想要帮我带小孩。可我不让她带，我怕小孩给她娇惯坏了，你说是不是？

不过——"

"不过什么呢？"珍妮话没说完，李幼邻就接茬了。

"不过，我觉得妈妈更像一位乡下妇女。"

李幼邻觉得自己母亲本来就是乡下妇女，但从珍妮口中说出，他听后就是不舒服，心里就是不快。

三个月美好的时光一转眼就过去了，1947年9月初，李幼邻一家从北平又回到了上海。

这次，他们住进了自己的家。刚从美国回来时，李宗仁把儿子一家人安排在他朋友的一栋别墅里。如今，他想让儿子在上海做事，长住朋友家总不是办法。于是，他托人在海格路附近买了一幢小巧玲珑的西洋小楼。

珍妮对新居非常满意，只是李幼邻对父亲安排的差事毫无兴趣。

作为李宗仁来说，他希望自己的儿子能在国内发展，即使不让儿子从政，也可以让他走实业救国这条路。拗不过父亲的想法，在北平时李幼邻答应父亲先试试看。没想到李幼邻到上海那家进出口管理委员会不到两个月，就坚决不干了。

李幼邻认为，那里腐化堕落，尔虞我诈，人浮于事，相互倾轧。对接受西式教育的李幼邻来说，他对这些传统、落后、腐败的官场习气，当然表示了强烈的反感，甚至感到在那样一种环境下工作，是对自己的一种羞辱。

看到儿子如此坚决的态度，李宗仁从此也就不再勉强了。

上海是一个繁华的大都市，也是冒险家的乐园。

文明与罪恶，先进与落后，传统与时髦，每天都在演绎着形形色色的故事，每天都产生着各种各样的新闻。万家灯火下的街头歌女，灯红酒绿门前的流浪汉；今天上海瘪三闹事，明天那里又冒出花边丑闻；抢劫、凶杀、奸淫、贩毒……全都装在这个著名的大染缸里。

在上海的这些日子，珍妮身临其境，看到了，听到了，更是感受到了。

李幼邻一家与母亲李秀文合影

随着时光的推移，渐渐地她在北平时那种欢乐轻快的心情荡然无存了。尤其是看到李幼邻成天无所事事、而自己也于 1948 年 4 月生下三闺女后，她的心已经飞走了。

此时，整个中国的局势也已经出现了一个根本性的变化。共产党的军队在东北已经取得了辽沈战役的胜利，尽管蒋介石三飞沈阳督战，但也扭转不了失败的命运。紧接着，共产党的军队又取得了淮海战役的胜利，使国民党陷入了一个更加被动的局面。

大局如此，身居国民政府副总统的李宗仁怎不焦头烂额呢？

一天深夜，李幼邻夫妇辗转无眠，各人想着各人的心事。珍妮建议到院子里走走，李幼邻答应了。

夜已经很深了，月亮透过密密匝匝的树叶，洒下斑驳陆离的影子。阵阵秋风袭来，让人感觉丝丝凉意。只有远处街上不时传来汽车与行人喧嚣的声音，仿佛是一种乱世的感觉。

李幼邻牵着珍妮的手，在院子里的花径间慢慢地踱着。

"阿邻！今后我们该怎么办？"珍妮开口了。

沉默了片刻，李幼邻还没有回答。

"你这个人今天怎么啦？我在问你呢。"珍妮有些急。

李幼邻不紧不慢地说："其实，我也在考虑这个问题。"

"哎！你们这个国家呀。"

"我们这个国家怎么啦？"纵然自己的国家千般不好万般不好，但在李幼邻的心里，似乎容不得别人说半点不好。

"我不是想和你争吵，你看看哪有一个国家成天都在打仗的，弄得老百姓多苦啊！今天我上街看到了一群一群的难民，他们衣衫褴褛，食不果腹。其中有一个中年妇女，抱着一个皮包骨的小孩，无助地向路人乞讨着，看了实在可怜。而你们的政府在管什么呢？在干什么呢？'金圆券'如同废纸，百姓叫苦连天，这是一个什么社会啊？"也不管李幼邻心情如何，珍妮继续说着："我虽然没见过共产党，但国民党这个政府我是亲身领教了。"

其实，珍妮说得很在理。

李幼邻听着，心里却很痛。

也许李幼邻更清楚中国的事情，更明白今后时局的发展，作为一家之长，其实他早就有腹稿了。他没有兴趣参与太太对国事的评论，只是淡淡地说："你看这样好不好，我们还是先移居香港，大陆这里也许不是我们久留的地方。再说了，我们的大女儿玛茜也到该读书的年龄了。"

珍妮早有这种考虑，随即应允了。接着她又问："妈妈她也和我们一块儿去吗？"

"我想让妈妈先回桂林一趟，以后我再回来接她。"

就这样，1948年11月初，李幼邻与太太珍妮携着三个女儿，离开上海往香港去了。

再见了，迷人的上海外滩。

再见了，上海的万家灯火。

······

世事纷扰，家运多舛。

1948年，国共两党在战场上惨烈厮杀着。"忽剌剌似大厦倾，昏惨惨似油灯尽。"在中国执政了二十多年的国民政府，如同病入膏肓的老人，来日无多了。

天空又飘起了绵绵细雨，整个香港岛笼罩在灰蒙蒙的雾气里。一大早，珍妮就起来了。送完大女儿上学后，她回到家里，见李幼邻一个人怔怔地站着，对着窗外发愣。

"怎么啦？阿邻。"珍妮关切地问道。

"这个该死的天气，真是烦人。"李幼邻嘟囔着。

其实，作为妻子的珍妮非常了解李幼邻此刻烦躁不安的心情。怎不是呢？在这风雨飘摇的时刻，他父亲却被推上了暴风雨的中心，成了国民政府的"代总统"，成了塔尖顶层的人物，成了这个特殊时期的"国家元首"。

然而，这座耸立在悬崖边上的危塔，已经摇摇欲坠，而四周全是万丈深渊啊！

这些日子来，李幼邻时常从噩梦中惊醒，一下梦见父亲被国民党的特务暗杀，一下梦见父亲被解放军俘虏，弄得珍妮时不时紧搂着他。

"阿邻，别想那么多了。既然蒋介石先生让出总统的位置，爸爸他出任代总统，也是顺理成章的事，相信他不会有什么生命危险的。"珍妮心里没谱，但也只好这样劝说着。

李幼邻答道："你不知道中国的事情，更不知道蒋先生的为人。我父亲斗不过蒋先生，他也无力挽救已经失败的命运。而他如今处在风口浪尖上，随时都有可能遭遇不测啊。"

"你一个人在这里光操心又有什么用呢？我实在担心你的身体，我们母女都需要你啊！"

李幼邻心里一热，拉着珍妮的双手，久久不放。

珍妮接着说："父亲那里看来我们是帮不上忙的，也只有任凭命运摆布了。时局既然这样发展了，你还是尽快回桂林去，先把母亲接出来吧。"

……

就这样，1949 年 4 月初，李幼邻回到了风雨飘摇中的桂林，把母亲接到了香港。

尔后的岁月，对李幼邻夫妇来说，也是一段不堪回首的记忆。在那风云变幻的 1949 年 11 月底，他那作为"国民政府代总统"的父亲，终也保不住国民党在大陆的半壁江山，来到了香港。在香港稍作停留后，李幼邻陪着父亲于 12 月初去美国治病。后来，珍妮带着女儿们回到了美国，而李秀文因美国移民局没有批准却只能滞留香港；1952 年秋，李秀文只身前往古巴，寄居在朋友家里。1958 年 5 月，美国移民局才批准了李秀文的移民请求……

在此期间，自从三闺女于 1948 年在上海出世后，四闺女紧接着也来到了他们的家庭。家中此时已有了 6 张嘴，加上李幼邻此时在香港创办的业务受阻，其心理上的压力、经济上的窘迫可想而知。

在这人生、家庭、事业处于低潮的时刻，珍妮又能怎样呢？料理 4 个小孩和家务就已经够她折腾了，她没有更多地考虑和选择。看到自己丈夫家境的衰落与突变，看到自己丈夫事业屡屡受挫，她感到无奈与惶惑，她有时也认为这也许就是自己的命。

那个时期，李幼邻的心境跌落到了极点。他的心情如此恶劣，实事求是地说并不是因为父亲的政坛失意，而是生活的重压使得他喘不过气来。不知底细的人还以为像李宗仁这样的风云人物，出走时给儿子留了多少家产呢。可以想象，在蒋介石把国库几乎所有的财产弄到台湾后，李宗仁这个当家人却是无家可当啊！就连他出走大陆时的费用，还是他向他的老部下黄旭初从广西财政那里伸手所得，可见他这个代总统是多么的寒碜与可怜。

每当李幼邻遇到挫折、遭受打击时，是珍妮给他安慰，给他力量；每当李幼邻情绪低落，万念俱灰时，是珍妮给他鼓励，给他勇气；每当李幼邻身体不适，需要照顾时，是珍妮以一个妻子的责任，无微不至地照顾着、关爱着他……

我们完全有理由说，李幼邻与珍妮是一对患难夫妻。他们不仅共同享受了一般人所没有的美好时光，而且在极端艰难困苦的情况下，在乱世和潦倒中他们依然是相濡以沫，手牵着手，心贴着心，度过了最艰难的时刻。

1958 年 5 月 11 日，历尽了千辛万苦的李秀文，终于获准移民来到纽约与儿孙团聚。

在这以后将近十年的时光里，尽管美国也遭遇着政治、经济、文化各领域的冲击和矛盾，李幼邻与珍妮带着孩子、陪着母亲，还是过着幸福而充实的日子。

那时，他们所住的小别墅地处纽约郊外，夫妻俩也曾有过换房的念头。但考虑到那里环境幽雅，房价也很合算，当初买时只花了四万多美元。况且又觉得已经住惯了，生活还是挺方便。故他们一家三代人，在这个美丽的小别墅里度过了一段其乐融融的岁月，纵情享受着天伦之乐。

每天，李幼邻夫妇各自开着车，分别送小孩上学；晚上，又分别将小孩接回家。日复一日，年复一年，这对夫妇尽着天底下父母应尽的职责，为 4 个小孩的生活、学习与成长，倾尽了心血，耗尽了财力。

从这个意义上说，李幼邻与珍妮是一对合格的父母亲。

## 晚年深情

随着小孩一天天长大，也随着小孩一个个像小鸟一样飞走，家里渐渐冷

李幼邻家庭照片

清起来了。

时光在平淡无奇的日出日落中流逝而去，缘分在柴米油盐的交响曲中不知不觉中淡漠，渐渐地，李幼邻与珍妮之间的感情，出现了一些微妙的变化。终于有一天，这对结婚二十多年的夫妻闹起分居了。

李秀文怎么也想不通，她甚至从来没有见过儿子与儿媳红过脸，吵过嘴，怎么就各自西东了呢？尽管她也听说过在美国，夫妻分居很平常，但她认为再怎么样分居对一个家庭来说，都不是一件好事情。可珍妮离开时，"竟似外出度假一样，毫无不快之感。珍妮与我抱吻道别，仍然那么自然亲昵，说声：'再见，妈妈！'然后幼邻陪她开车走了。我真舍不得啊！好端端的一家人就这么分散了！"（《我与李宗仁》漓江出版社 1986 年 11 月第一版 228 页）

总之，他们平静、友好地分手了。

分手时，他们夫妻贱卖了位于纽约市郊的小别墅。幼邻先生说，因为珍妮急需用钱，只好赶紧把别墅卖了。可是房子刚一卖出，房价却猛涨。他连后悔都来不及，这是他们婚姻亮红灯所付出的代价。

在分居以后的日子里，珍妮去了三藩市。卖掉纽约市郊的小别墅后，李幼邻又在纽约弄了一套住房。他与母亲在那里仅仅住了一年，尔后又到三藩市与珍妮过了一年的时光。

之后，李幼邻又与母亲回到了纽约。

这次，他们夫妻俩彻底地分居了。

从此，李秀文再也没有见到过自己的儿媳了。

李幼邻说，珍妮后来在一家美国公司工作，组织时装表演，收入颇丰，日子过得很不错。

已经结婚二十几年的夫妻一定要走到这个地步吗？李幼邻如是说，主要是志趣相异，观点不同，包括对中国的看法。

我们知道，珍妮是一位在西方出生长大的女子，她漂亮，活泼，能歌善舞，有着自己的职业，独立性强；相比之下，李幼邻则显得内向、古板，其骨子里的东西无不烙着东方文化的深深印迹。

当爱情进入柴米油盐阶段的时候，当现实的生活需要婚姻双方的主体以最实际的态度去正视的时候，家庭出现摩擦，夫妻发生争吵、甚至情感出现裂痕，这也许本不足为奇。

至于非要走到"东飞伯劳西飞燕"这种地步，唯有他们夫妻自己才清楚，外人的确是"清官难断家务事"。

笔者曾就这个问题与李幼邻的表嫂谭明探讨过，问及李秀文对此事是如何说法。

谭明说，老太太1973年从美国回来后，她们朝夕相处，无所不谈，但她从未听到老太太在她面前说过珍妮一句不是的话。一方面说明老太太修养到家，另一方面或许是老太太碍于某种面子……

分居归分居，他们夫妻相互间都有往来。

李幼邻说，通常是感恩节前他请她们母女来，感恩节时他再到她们母女那里去。平时有事没事，彼此间都有联系。这是很自然和很正常的事，很少有夫妻不成而反目为仇的现象。1992年父亲节那天，他还与二女儿和她的母亲一块儿用餐呢。

他们毕竟是二十多年的老夫老妻啊！

不过，实事求是地说，幼邻先生留在我采访本上对珍妮的称谓是"我前夫人""前妻"，而且两次说"离婚后，与珍妮还有往来""与珍妮离婚后，她组织时装表演，她现在生活得不错"。

1990年初夏，我与幼邻先生从湖北襄樊乘坐火车快到广西柳州时，我曾明确地问过他与珍妮是不是已经离了婚，他也肯定地做了回答。

但从综合的情况来看，李幼邻与珍妮依然存在着婚姻关系，他们确确实实只是分居而已。

因为：

其一，李幼邻夫妇信仰基督教。据说，按照基督教的教义，基督徒是不能离婚的。

其二，李幼邻去世后，从其丧事的操办情况来看，是珍妮和她的女儿们为幼邻先生举行了火葬、土葬和海葬三种仪式，可谓隆重，有照片为证；而另一位陪伴李幼邻走完人生最后一站的女子，则在吊唁花圈上署名为"友"，也有照片为证。

其三，李秀文在《我与李宗仁》一书中这样说：

"也不是幼邻和珍妮有什么过不去的事情，也不曾听他们有过什么争吵。一天，幼邻对我说：'我和珍妮要分居了'……幼邻见我不乐，赶忙安慰解释，说他和珍妮只是一时意见不合，同在一起倒会更糟，不如分开一个时期，以后好了，她会再回来的，叫我放心。"

（《我与李宗仁》漓江出版社 1986 年 11 月第一版 228 页）

1970 年至 1985 年，美国社会出现了一股"中国热"。随着尼克松总统踏上北京的红地毯，东西方的两位巨人终于握手了。在这个大环境之下，不少在美华人为促进中美友好奔走呼号，李幼邻也是其中的一个活跃分子。

1973 年，在一次活动中，他认识了一位来自香港、名叫梁尚莹的女士。

从那以后，这位梁女士便陪伴着李幼邻先生走完了他人生的最后之旅。

不论是李幼邻与梁尚莹彼此间的交谈，还是李幼邻对别人介绍时的称呼，他都称梁女士为梁教授。而且在向别人介绍他们之间的关系时，李幼邻显得落落大方，丝毫没有躲躲闪闪的意思。

他说，梁教授是香港人，其父母重男轻女的观念很重。她读完中学后父亲就不让她继续上学了，她硬是凭借着自己的毅力考上了香港大学，并获得了奖学金。

大学毕业后，梁教授先是到香港一所学校教高中英语，两年后赴美国攻读硕士，尔后再到加州大学攻读博士，大约有四年时间。

获得博士学位后，梁教授即到美国耶鲁大学专门从事矿石研究。1971 年至今，她在美国一家私立大学地质系执教。

一位普普通通的女子，在如此艰难困苦的情况下，靠自己去发奋图强，去闯荡世界，实在是难得和不易。

每当谈起这些，李幼邻心里则是几分沉重，几分敬佩。

"我认识梁教授的时候，她已经四十多岁了。由于种种原因，过去她忙于学业和事业，一直都没有结婚。"李幼邻说："1977 年我在北京时，程思远先生的夫人石泓女士曾对我说：'幼邻啊！你回中国来，可以再娶一个年轻的太太，我可以帮你介绍。'"

但李幼邻不为所动，他琢磨着，虽说自己回国可以找个比较年轻的太太，可自己已经到了这把岁数了，再找个年轻的太太有何意思呢。

他是一个很实际的人。

那么，我们从李幼邻的这段谈吐中，也可以看到他与程思远先生的夫人，是谈到了谈婚论嫁的问题。假若没有离婚这个前提，又怎会有再娶一说呢？

李幼邻与梁教授结合后，在纽约市郊一所公寓里过着恬淡而平静的生活。李幼邻退休在家，梁教授执教上班。膝下无儿无女，这种清静的氛围也是国外老人家庭生活的写照。

外面的世界多姿多彩，都市喧嚣，车水马龙，灯红酒绿，钱与欲在流淌。而李幼邻与梁教授却在郊外过着"采菊东篱下，悠然见南山"般怡然自得的日子。

作为李幼邻来说，人生的大半辈子已经过去了，什么风雨也都经历过了，孩子们一个个成家立业走了，与珍妮的关系已经名存实亡。随着老母亲的回国，他陡然感到了一种无限的轻松感，更是感到了一种难以言状的空虚感。

孤寂的灵魂需要抚慰，苍白的情感需要补充。在这个情况下，梁教授向他走过来了。

作为梁教授来说，出身贫寒，经历坎坷。为了与命运拼搏，把大好年华耗费在学业与事业上，回头一看，竟误了终身大事。

她与李幼邻相见、相识、相交，她认为是缘分所致，命运使然。

她同情李幼邻所处的境况，她觉得李幼邻是她今生今世的寄托。所以，她珍惜着人生所剩不多的时光，相亲相爱地与长兄似的李幼邻携手走完了最后的人生之旅。

李幼邻说，他与梁教授两人一年的开支用不了两万美元。看他每月列出的开支：房租七百多，伙食两百多，汽车一百多，零用钱三百多也就够了。当然，这里不包括看病、住院以及添置大件东西等。

从这里，我们仿佛看到，李幼邻与梁教授在美国的居家过日子，与中国农村那些传统的老头、老太有什么区别呢？

他俩毕竟是传统的中国人。

两个孤单的人走到了一起，两颗孤寂的心靠在了一起。

此时，李幼邻在纽约华尔街的业务，已经处于偃旗息鼓阶段，他没有心思、没有力量、也用不着去拼搏了。况且，他眼下的人生哲学更是简单无比了。"广厦千万间，只需三尺床"，什么功名利禄，什么飞黄腾达，什么荣华富贵，通通是过眼烟云。他庆幸在人生晚年的夕阳路上遇到了梁教授，遇到了可以做伴的知音，使自己能够享受着黄昏时刻的一片霞光。

每当梁教授上班后，李幼邻有时一个人在家悠闲地打发着日子，有时约几个朋友聊聊天，有时干脆驾着车跑到野外散散心。

许是上了年纪的缘故，李幼邻总喜欢回忆往事，父亲在中国政坛上的沉浮，母亲一辈子凄苦的命运，自己几十年的风风雨雨，这些像电影一样一幕幕浮现在眼前。

谁不慨叹人生苦短，谁不埋怨命运无常。

"多么难忘的广州岁月啊！"

一提起在广州念书的日子，李幼邻总是感慨万千。他那时是"为赋新诗强说愁"的年龄，广州的花市，广州的城隍庙，广州的木屐声，不论他漂泊天涯，也不论岁月再久远，这一切始终深深地留在他的脑海里，留在他的回忆中，让他咀嚼，让他回味。

而最最让他魂牵梦绕的，当然是家乡美丽的山水了。

那平地拔起的群峰，那清澈明净的江水，那瑰丽奇巧的洞府，还有那险峻多姿的石头，无时无刻不在他脑海里萦绕。

美不美，家乡水。亲不亲，故乡人。

记得当年在广州念书时，哪年暑假不是在桂林度过。象鼻山下，叠彩山头，七星岩洞中，哪一处没有留下他的踪迹。"桂林山水甲天下，阳朔堪称甲桂林……"的诗句总是在他心中回荡。

相互倚靠，相互慰藉是人类的基本需求之一。

从某种意义上说，李幼邻与梁教授的结合也是"老来伴"的产物。他们虽然没有年轻人那种花前月下的卿卿我我和月明人倚楼的"思悠悠，恨悠悠"，但老人自有老人的切切之情、绵绵之意。

1990年6月13日，梁教授乘坐当晚的港龙航班从香港抵达桂林。那天上午，李幼邻千交代万交代，要我安排好车辆，并早早地到机场等候，生怕梁教授出站不便。

然而，问题恰恰就发生在出站的时候。不知是什么缘故，飞机进港一个多小时后，梁教授才抱怨着从机场出来。

一见面，老两口犹如一对久别的新人，热情地聊起来了，全然忘了旁边还有第三者存在。此情此景，着实让人感动。

青山隔不断，相思万里情。

第二天，我陪着李幼邻与梁教授参观、游览了桂林市区以及近郊的一些景点。

我们首先来到初创在象鼻山下云峰寺的"李宗仁资料陈列室"，李幼邻当仁不让地当起了讲解。看着馆中陈列的一件件珍贵文物，听着李幼邻对一些历史事件做细致、翔实的解释，使梁教授对李宗仁的人生轨迹有了一个更清楚的了解。

接着，我们来到了位于桂林市东北郊尧山脚下的明代藩王墓群——靖江王陵。

山岭连绵，陵园肃穆。

明太祖朱元璋得天下后，封其侄孙子朱守谦为靖江王，郡址即在桂林独秀峰下的王城内。靖江王传位十三代、十四任，其中有十一代靖江王死后葬于此地，加上其他王亲藩戚，共有三百三十多座墓，占地百余平方公里，人称"岭南第一陵"。

作为历史文化名城，桂林不仅有着秀甲天下的山水，同时还有着深厚的文化底蕴啊！

尔后，我们又马不停蹄地来到了离靖江王陵不远处的凤凰岭。那里，长眠着一位非同一般的人物——章亚若。

章亚若这位红颜薄命的江西女子，与蒋经国先生有着一段相思情，生死恋。1942 年 8 月，她在桂林丽狮路 42 号生下她与蒋经国先生的孪生子——章孝慈、章孝严后，据说是因为过于执着要求名分和给儿子认祖归宗，而伤了蒋家的尊严。就这样，这位天真、美丽的江西女子因"腹泻"而突然"病逝"了。

李幼邻已经是第二次来此墓地凭吊了。上一次，他是与二女儿李雷诗一道，不顾自己已经高龄，骑着单车，兴致勃勃而来。

中午，我们一行在桂林七星公园月牙楼品尝了遐迩闻名的传统素菜、素面。

16 日，因梁教授教学上的事，他们需急着赶往大连。

在这种情况下，李幼邻只得匆匆离桂，陪着梁教授上北京，赴大连，尔后再飞往茫茫的大洋彼岸……

路长情更长。


1992 年夏天，李幼邻回桂为母奔丧，身体急转直下，神情大不如以往，人也显得明显的消瘦。事实上，此时的李幼邻已经病入膏肓了。在桂林市叠彩路一号李秀文故居的客厅里，他与我交谈时，不停地咳嗽，谈话有些吃力。我几次劝他休息不聊了，甚至想带他上医院看看。但他总不想停下话来，似乎要把心里的事一股脑儿地倒出来。

这一天，李幼邻与我谈话的主题就是梁教授。他谈梁教授不幸的家庭，他谈梁教授奋斗的历史，他谈梁教授与他相处的情景……

我完全感觉得出来，这是一种男人的爱，兄长的情。

快到晌午时，正好邮差送来梁教授从美国寄来的信件。李幼邻当着我的面，迫不及待地把信拆开。看完信后，他说，梁教授得知他身体不适时，非常着急。声声保重，字字情深。梁教授还专门介绍了治病的药房，并附来了一张药方的说明书。

"点点行行，总是凄凉意。"

接信后，李幼邻心里很不平静，他牵挂着地球另一端的梁教授。因为梁教授在信中，说到了现在美国经济不太好，她所在的学校拟裁员减人，眼下虽说不裁她，但她所授课的那个系（地质系）可能要撤销……

自己犹抱病，情牵天涯人。

李幼邻心里显得很着急，他边看信边对我说，梁教授还不到退休的年龄，才教了21年的书。倘若此时退休，实在难搞。

"换我心，为你心。始知相忆深。"

此情此景，真让人感动。

就是这样一对老来伴侣，相倚相靠，相亲相爱。

是她，陪伴着李幼邻走完了人生的最后一个驿站；

是她，给了李幼邻不太完整的人生做了一个完整的补充。

李幼邻去世后，珍妮按照美国的习俗，给共同生活了二十多年的丈夫办理了丧事；梁教授也忍受着巨大的悲痛，克服着难以想象的不便，为李幼邻守灵送终。

一位是相濡以沫的结发夫妻。

一位是情深意浓的老来伴侣。

这就是李幼邻罗曼史绽开的两朵深情之花！

李幼邻一生一共养育了4个女儿，都为珍妮所生。

老大玛茜，生于1943年；老二雷诗，生于1945年；老三温蒂，1948年出生于上海，其出生之日正是其祖父李宗仁当选国民政府副总统之时；老四简薇，出生于风雨飘摇的 1949 年底。

李幼邻成家较早，随着小孩接二连三地出生，这对年轻夫妇过早地体会着为人父、为人母的滋味，过早地品尝着生活的艰辛和家庭的压力。他们含辛茹苦地把 4 个小孩拉扯成人，尽着天底下每一个父母亲的职责。

随着岁月的流逝，李幼邻的女儿们都已成了家，立了业。

老大玛茜嫁到香港，大女婿是原广东军事首领陈济棠部属香翰屏军长的公子，在香港开办一家建筑公司。他们夫妇育有一对孪生子，家境殷实富有。

李幼邻说，我的亲家公香翰屏实际上是与我父亲同一辈的人，我父亲的回忆录中不止一次地提到过他的名字。

老二雷诗，是一个专事写作的自由撰稿人，现在美国一家杂志社供职。她结过一次婚，有一个男孩。她长大后曾两次来过中国，故乡桂林给她留下了难以忘怀的印象，她在《桂林日报》发表文章写道：

"桂林有一座山叫老人山。传说很久以前，每当有子弟离乡出海远游，他父亲总是面朝孩子离去和羁旅的方向翘首等待。等啊等，等得那么深情而执着，一直等到孩子从远方归来。等久了，父亲就化作了一座石山，成为桂林无数奇峰之一，在那里永远等待着……我就是一名海外游子。我第一次回到桂林探望祖母，是在 1986 年底，时间不长就匆匆离去。那时在我的心目中，那老人山不是老翁的化身，而是一位老姬，是我的祖母。"

"第一次到桂林，我就是怀着和我的亲人接触，续上我的中国'根'的愿望来的。"

"我从祖父故居浪头村步行到村头村，就如同八十年前祖父和祖母结婚时那样。踏着两位老人的足迹在两个村之间步行，是我多年来的梦想，如今梦想实现了！"

这位李家二小姐还以现代中国历史为背景，以自己祖母的一生为写照，创作了历史政治小说《苦与甜》（英文名为 BITTER AND SWEET）。

美国塔图出版公司出版这部小说后，《纽约时报》、《纽约客》杂志以及《旧金山记事报》等报刊，都对此作了报道。这部小说还被"每月书会"和"普及本精选会"选为推荐读物。塔图出版公司还在中国农历春节期间，在《纽约时报》星期日书评专刊中，刊登大幅广告，介绍了这本书和作者。李雷诗还四处讲演，谈及此书创作的过程及感受，以扩大影响。

1992 年夏天，李幼邻回桂时就带回了他女儿写的这本将近四百页的著作。那天，他不停地咳嗽，还喘着气，仍坚持着上楼去把这本书拿下来给我看。

他对我说："我女儿写的这本书，就是以我母亲为原型创作的，我还没有把它看完。我母亲传奇的一生，完全可以拍电影，拍电视。"

如今，斯人已去，此愿却未已。

对于老三和老四的情况，李幼邻谈得不多，只说她俩都已成家，至今都不想养育小孩。

出生于传统国度的李幼邻，在国内念完小学、中学后，又在现代文明的美利坚合众国接受了大学教育。

毋庸置疑，东方传统的东西在他的脑海里依然根深蒂固，而西方社会的许多观念同样在他身上并存，对子女的看法也概莫能外。

李幼邻认为，为人父母者有责任供养自己的子女，尽量让子女过好生活，尽量创造条件让子女接受教育，使之健康成长。哪怕子女读完大学再读研究生，家长都应竭尽全力满足子女的愿望。

在西方，但凡子女到了十八岁就算独立成人了，一般家长不愿意再花更多心思去调教小孩了。

而李幼邻所谈的这种责任，实际上已经超越了西方的那种传统习惯。这对于子女、对于家庭、对于社会，都是一种负责的态度。

"假如人生能再来一次，我是不想再要小孩了。"李幼邻不止一次地发表了这种凄然的慨叹。

是柴米油盐的艰辛？是人情亲情的冷漠？李幼邻不愿直面回答。

他向笔者算了一笔账，在美国培养一个小孩，从出生到大学毕业，最起码要 25 万美元。

可以想象，李幼邻大学一毕业就成了家，紧接着小孩接二连三地出生。一个刚到异国求学的学子，经济没有基础，事业也无成就，父亲位高权重时对他的资助极为有限，1949 年底，父亲流亡美国后更是要他接济，这的确难为了这对年轻的夫妇。单是供养 4 个小孩生活、上学，就是上百万的数字，难怪李幼邻在最绝望时曾想到过自杀。

所以，他也非常理解自己的两个女儿结婚多年而不想要小孩的想法。

另外，李幼邻多次谈到国外人情味比较淡薄，亲戚朋友往来不多，各人顾各人，彼此交流少。就连他的女儿们，一年之中除了感恩节、圣诞节外都很少往来，顶多四五次。

作为父亲，李幼邻理解他的女儿们，认为她们都有自己的家庭、自己的天地、自己的事业。在张扬个性、追求自由的社会里，人们的道德观念、行为准则、思维逻辑，与我们传统国度的要求，肯定是一种完全不同的概念。因为文化背景不同，接受的教育不同，整个国情都不同。

所以，每年父亲节当他接到女儿们的问候电话、听到女儿们的亲切声音时，他的内心是愉悦的，满足的……

不过，如果我们从另一个角度，另一个侧面去窥测、去探讨李幼邻"来生再也不养小孩"的说法，这里头是否有一种由于东西方文化、价值观不同而造成的亲情失落感？而这种东西又恰恰是李幼邻难以启齿的。

我们也完全可以想象，李幼邻的 4 个小孩，完全是在西方社会里成长的，除了老大玛茜、老二雷诗长大后回到过中国外，其余两位尽管出生于上海和香港，但她们对中国几乎是陌生的、遥远的。虽然她们的奶奶陪着她们度过了青少年，虽然她们的奶奶无时无刻在念着她们，但邈远的时空总给人世间留下许多憾事与伤感的东西。

我们不妨听一听这位老奶奶的心声：

"还有我的孙女玛茜，她也同丈夫香灼玑带着一对孖仔回来看我了，这是我盼望了好久的。一别十年，她越发苗条了，也变得文静了。她的中国话还说不来几句，只一味地笑，拥抱我，亲吻我，我感到一阵温暖，心中无比快慰。只可惜好不容易才见一次面啊！还有她的三个妹妹，她的妈妈——我那温善文静的媳妇，何日再相逢呢？"

（《我与李宗仁》漓江出版社 1986 年 11 月第一版 258 页）

如果说由于各种背景的不同，我们不能强求一个人非要什么故土情结或要什么寻根问祖的欲望。但是，出乎常规想象的是，像李幼邻去世这种事情，她们都没有向家乡的亲戚们报个信。俨然人死了，一切过去的都过去了，一切关联的都了结了。假若不是梁教授来信相告，我们还真不知道幼邻先生去世的消息呢。

我们不禁要问九泉之下的幼邻先生，其深沉的内心世界里，是否感到某种深深的失落感？其感触颇多的人生总结里，是否存在着佛教的色与空？其心灵深处，是否弥漫着难以言状的忧伤与失望？

天也空，地也空，人生杳杳在其中。

金也空，银也空，死后何曾在手中。

妻也空，子也空，黄泉路上不相逢。

# 第五章　父亲与母亲

## 今生和来世，母子情依依

李幼邻五六岁时，他父亲李宗仁经人撮合，又娶了广西桂平佳丽郭德洁。

由于桂系上层主张"平妻制"，原配李秀文作为"大夫人"，所以在李家也仍然有着不容置疑的位置。但是，没过多少日子，新欢便取代了糟糠。

于是乎，李幼邻的母亲李秀文只能在漫漫的人生中，打发着"寂寂复寂寂"的岁月，承受着既尊荣又凄苦的命运。

作为一位旧时女子，李秀文不可能迈出传统道德的门槛，也无力去改写自己的命运，她只能无可奈何地接受着既成的严酷事实。

1991 年在李秀文诞辰一百周年纪念会上，李幼邻在接受新华社记者采访时，几乎是噙着泪水说："我的母亲已经活了一百岁，而她却是守着活寡整整七十年啊！"

"便做春江都是泪，流不尽，许多愁。"

李宗仁在李氏家族中排行第九，故家人称李秀文为九嫂或大夫人，而称郭德洁则为郭嫂、夫人。

在重传统、习俗、礼仪的家乡，这类事情是不可混淆的，包括名义、辈分、座次的排列等。而郭德洁每每心中不快，故总不愿和李秀文在一起。

在李宗仁与郭德洁刚结婚的头一两年，许是李家的老人为了李秀文母子的名分，硬要他们随军而不想让郭德洁独占鹊巢；许是李宗仁考虑到儿子尚幼，需要把儿子放在身边加以培养；许是那时郭德洁新婚燕尔，还需讲究面子和等待时机，李秀文母子俩还与他们同在一个屋檐下。

但北伐以后，原配者就被继任者完完全全地取代了。而留在李幼邻记忆里的印象：他们母子与郭德洁同在一个屋檐下的日子，只有一两年的短暂时光。

这一切，过早地在李幼邻年幼的心灵里留下了创伤的烙印。

他看到自己的父亲每月都会派人把生活费送来，有时他父亲来看他们母子俩时也会留下钱。但此时的李幼邻已经深刻体会到：

金钱是买不到人世间的温馨与天伦之乐的。

因为母亲的泪水同样在他的心田里流淌。

一个活生生的年轻女子，与丈夫徒有着夫妻的名分，却只能茕茕孑立，形影相吊，这是何等的残酷和痛苦。

打从李幼邻出生时起，到他整个青少年时代，李秀文一步不离地带着自己的儿子，如同慈母和良师，她给了李幼邻良好的教育、健康的心理和努力奋发的精神。

这一切，都深深影响着李幼邻的整个人生观，为他今后迈向社会打下了坚实的基础。


李幼邻深深地爱着自己的母亲。

因为他知道，他母亲今生的整个生命就是为了他，而他自己就是母亲生命的全部寄托。

李幼邻自幼在母亲的怀抱中长大，在动荡、险恶的环境中，母亲寸步不离地陪着他，使他完整地接受了小学和中学的教育。抗日战争一爆发，他远涉重洋，不远万里来到美国留学，一别十载。

李秀文

在这漫漫的十年时光中，李幼邻与母亲的联系只能通过信件。而母亲的书信，都由他人代笔。然而，"烽火连三月，家书抵万金"。李宗仁上前线之前，他也交代李秀文每月都要给儿子去信，并时不时汇款过去。

一封封家书，一张张汇款单，成了李幼邻与父母联系的纽带。母亲来信告诉他台儿庄大捷以后桂林庆典的盛况，李幼邻从心里分享着胜利的喜悦；母亲来信传来了奶奶去世的噩耗，李幼邻独自在校园池塘边的柳树下默默垂泪；母亲来信说桂林坚壁清野后她正随着逃难的人流漂荡，李幼邻无时无刻在牵挂着母亲的命运。

1947年李幼邻举家回国。在上海和北平，他与太太和孩子们陪着老母亲尽情、尽兴地玩。此后，中国的形势急转直下。1949年4月，在山雨欲来风满楼的前夕，李幼邻又一次从香港回到了桂林，把老母亲接出去。

桂林的春天阴冷、潮湿，潇潇春雨没完没了地飘洒着，枯瘦的漓江渐渐丰满了起来。古南门前的那棵千年老榕树，又长出了密密麻麻的、又嫩又绿的叶子，显示着它那顽强的生命力。榕湖边、王城内以及附近的遛马山和叠彩山一带，各种树木在迷蒙的春雨中显得墨绿墨绿的。

春深似海，山城如黛。不管时局如何发展，1949 年的春天依然按照自己的步伐来到了桂林。

在这美好的春天里，李幼邻却没有春天般的好心情。在中国即将迎来曙光之时，他更多的是对母亲的担忧，所以，他匆匆从香港赶回来，把母亲接走再说。

四月初，李幼邻约上好朋友关先生一道回到桂林。他本想在桂林只待两三天，然后就赶回香港去。可在到达桂林的当晚，他母亲开口了：

"儿子啊！你不想回到乡下看一下吗？"

从心理上说，离港之前，李幼邻还真的没想过这趟回来要回乡下看看。因为香港那里实在有点抽不开身，大女儿已经上学了，其余两个都还小，况且太太又妊娠在身。

看到李幼邻犹豫不决的态度，李秀文似乎无限伤感：

"我们都是从乡下那里出来的，那里有我们的根脉，有我们的祖屋，还有我们的亲人。不论今后我们在哪里生存，我们的根仍在临桂啊！如今，政局动荡，你敢说我们这一走，还有多少机会可以回去吗？"

从母亲凄然的神情里，李幼邻读懂了母亲的心思。

"妈妈，我明白了，我明天就回乡下去。"

从小到大，李幼邻在母亲面前都是一个乖孩子。因为打他懂事起，母亲凄苦的命运对他的影响实在太大了，太深刻了。他从不违背母亲的意愿，也绝不去做任何让母亲伤心的事。

在桂林短暂的几天时间里，李幼邻除了回乡下看看，也陪着好友关先生游玩了一些景点。但此时李幼邻的心情，似乎那满城的春色，秀丽的漓江，都如同那蒙蒙烟雨，虚无缥缈。

这次，他与关先生回桂林，就住在如今叠彩路"李秀文故居"里。当年日寇入侵桂林时，旧的建筑全被毁坏了。抗战胜利后，他们重新把它修葺一新。这新房子母亲还没有住上几天，如今却又要远走天涯了。

李幼邻知道，母亲此刻的心情很不是滋味，父亲身处困境，母亲也已经进入暮年了，桂林有家却待不住，到了这把岁数还要远走他乡，怎不让人伤感呢？

"蒋委员长下野了，你爸主政了，儿子啊！你说这个国民政府真的没救了吗？"昨天，不知道怎么回事，李秀文突然对儿子说了以上的话。

李幼邻没想到这个时刻，母亲会与他谈论这样的问题。

"妈妈，我理解你此刻的心情，但这也是命中注定的事。"李幼邻接着说："比如一幢房子，它倾斜得很厉害，眼看着就要坍塌了，谁也挡不住的。我跟你直说了吧，从现在发展的情况来看，国民党的大局已去，蒋介石救不了这幢房子，我父亲同样也救不了这幢房子。如今，蒋介石把我父亲推到前台，实际上是把我父亲放在火山口上烤啊！你难道忘了，这几十年来委员长是如何对付我父亲的？我们什么都不要考虑了，先到香港再说吧。"

就这样，怀着无限的慨叹、无限的伤感，李幼邻带着年近花甲的母亲凄然地离开了桂林。

在那兵荒马乱的年月，有人趁机发国难财，有人钻空子转移资产。而这对老实得掉渣儿的母子俩，每人严格按照当时海关的规定，身上仅带着二两黄金，留下来的二十几两黄金后来全被充公。

时光到了 1949 年年底，国民党在大陆的统治已经彻底失败，崭新的中华人民共和国向全世界宣告成立了。

就在李幼邻把母亲接到香港后不久，他的父亲也随后跟来了。不过，李宗仁只在香港作短暂的停留，便前往美国"治病"。

当李幼邻一家回到美国后，他母亲却被挡在美国的国门外，这下可把李幼邻整苦了。命运好像专门捉弄人似的，眼看着已经在一起的一家人，如今却又要各自西东，而且是单单撇下年已花甲的老母亲，一个人孤零零地在香港……

李幼邻焦急着，苦恼着。香港距离美国实在太遥远了，能否让母亲挪到离美国近一点的国家呢？来往探望也方便些。

于是，他想到了古巴。

因为李幼邻有一位姓许的朋友娶了古巴女子，就在古巴居住。他想让母亲寄居在朋友家，作一个临时的"过渡"。当然，这是一件很难让人开口的事。

但是，为了老母亲，作为孝子的李幼邻顾不得什么面子不面子了，他向朋友袒露了自己的心声。没想到话一出口，他的那位姓许的朋友深为他的孝心感动，满口就答应了。

就这样，1952 年的秋天，李秀文来到了古巴。

美国、古巴，咫尺天涯。

李幼邻说，想想他母亲寄居古巴的岁月，那也真是一种催人断肠、肝胆欲裂的感受。

那时，从香港到古巴的飞机，要先到美国纽约机场稍作停留再转往古巴。当飞机到达纽约时，李幼邻带着珍妮与 4 个女儿都去迎候，但他们却只能在机场见面，短暂的一个小时后，李秀文又要单独飞往古巴。看着飞机飞往茫茫的夜空，眼看着母亲到了美国却不能留在美国，李幼邻的心碎了。

李秀文是这样描写当时的情景的：

> "幼邻一行入室与见面，悲喜交加，尤其伤心的是我已身在纽约，儿媳近在身旁，但竟不能获准我在纽约作短时间的停留……我心中虽然装满了苦水，但是我见幼邻两眼热泪，比我还痛苦……我们相聚只短短一小时，我便又要单独乘机而去，止不住泪如雨下。幼邻牵好我的衣襟，扶我走出候机室。"

（《我与李宗仁》漓江出版社 1986 年 11 月第一版 204 页）

从 1937 年出国到现在，李幼邻在美国生活已经有十几年了。尽管他已经娶了美国媳妇，小孩也出生了，但他迟迟没有申请加入美国国籍。爱国也罢，观望也罢，彷徨也罢，"国民政府代总统的儿子"这样一个身份，这当然是其中的一个很重要的因素。

但因自己不是美国公民的身份而影响母子团聚时，李幼邻就不得不重新考虑了。况且，此时他的父亲已成了大陆和台湾都无法落脚的尴尬人物而来到美国，自己的母亲长住在古巴的朋友家，终究也不是一个事。

"人在矮檐下，不得不低头。"在严酷的事实面前，李幼邻万般无奈地申请加入美国国籍。

1954 年 2 月，李幼邻终于获准成为美国公民。他的第一个动作，就是迫不及待地飞往古巴去看望母亲。母子相见，免不了嘘唏伤感。

回到美国以后，李幼邻即刻着手办理母亲到美国定居的问题。但这件事情也折腾了好几年，直到 1958 年 5 月，他们才结束了母子分离的痛苦状态。

"路遥知马力，日久见人心。"在古巴五年多的时光，李秀文得到了他朋友一家人无微不至的照顾，使李幼邻深深感受着无价而崇高的友情，更使他母子俩感恩戴德了一辈子。可不是吗？你想想一个外人或者一个客人在你家一住就是五年多，那可真是一件不容易的事情。

李秀文到美国后，那时，李幼邻的事业正处于顺达之时。一家人三代同堂，享受着天伦之乐。有时，李幼邻带着女儿们去看望她们的爷爷，给李宗仁那颗破碎的心以一丝安慰。有时，李宗仁也过来看看儿子一家人。

同是一家人，也同是天涯沦落人啊！

叶落归根，人老思乡。走遍了天涯路，魂牵梦绕的还是自己的出世村。

自从李宗仁 1965 年回归祖国后，在海外漂泊了二十几年的李秀文也怦然心动了。尤其是接到李宗仁多次从国内的来信后，她那思乡之情、叶落归根的愿望愈来愈烈，归心愈来愈切了。

又是一个萧萧秋日的黄昏，李幼邻回到了冷冷清清的家里。

4个小孩一个个长大了，一个个成家立业如同燕子般地飞走了，自己与太太又分居了，家里就只有老母亲一人在守候着。

与往常不同的是，母亲没有听到门铃声就来开门。进门后，他连叫了几声"妈妈，妈妈"，才发现母亲倚靠在窗户旁，正望着夕阳在默默地流泪。

"妈妈，你怎么啦？身子不舒服？还是有别的什么事？"李幼邻用双手握着母亲的双手，急切地探问着。

李秀文泪眼潸潸，摇了摇头："儿子啊！你的日子过得太苦了。告诉我，是不是妈妈拖累了你？你给我说实话。"

李幼邻一刻不离地望着母亲的脸，笑着说："妈妈，你想到哪里去了，我的日子过得很好。"

"不！妈妈看得出来，你内心很苦。"李秀文接着说："妈妈老了，再这样下去，会拖累你的。再说，像我这把年纪的人，说不准哪天就走了。我想按照你爸的意愿，回到中国去，回到桂林老家去寻找我的归宿。你说呢？"

李幼邻一时沉默了。

是啊！1965年父亲毅然回国，受到了热烈而隆重的欢迎，海内外一时沸沸扬扬。随即，那场所谓的"无产阶级文化大革命"席卷大陆，父亲也处于惶惑之中。尤其是看到他熟悉的一些人挨批挨斗、甚至含冤九泉后，加上郭德洁病故，父亲对这场运动感到不安和不解，身体也越来越差，终于于1969年在这块躁动不安的国土上安息了。

随着父亲的去世，李幼邻在中国大陆已没有直系亲人了，他仿佛觉得今生今世只能与老母亲身老海外了。于是，他以征询的态度问："妈妈，你是真心要随爸爸之后回中国去？"

"妈只是放心不下你，我走后你一个人怎么生活？中国再怎么样，那是我们自己的家。"说着，两行热泪又止不住地从李秀文的脸颊上流了下来。

此时，李幼邻已经明白了母亲的心。

他想，母亲已经年迈高龄了，人老思乡，叶落归根，此乃人之常情啊！有时他们母子俩在家，除了唠些家常与往事，大多是寂寞无比的时刻。

但作为孝子的李幼邻，却从来没有想到过要让母亲离开自己。前些日子，中国驻联合国代表团一位官员曾问过他，他母亲是否想回国，他一直都没有与母亲提起。今见母亲有这个心思，于是他就向母亲说开了：

"妈妈，我在美国这里一切都很好，你也看到了，你完全不用牵挂我。实话跟你说吧，不久前中国驻联合国的一位官员曾找过我，问你想不想回中国，回去看看也可以，看完以后再回来也可以。总之，来去自由。"

"真的？有这么回事？"李秀文急切地问。

李幼邻扶着母亲坐下后，接着说：

"妈妈，这些日子我也在考虑，我已经长大了，实际上我也已经老了。人生事，儿孙事，我都完成了。我在这里你完全不用操心，不管妈妈做出什么决定，我都会支持你。"

"儿子啊！你过来，靠近妈妈，听妈妈说。"李秀文紧紧抓着儿子的手，用心声呼唤着：

"儿子啊！我要回家。"

就这样，怀着一颗沉甸甸的思乡之心，怀着对故土一往情深的眷恋和对美好的憧憬，漂泊海外的游子归来了。

1973年12月，在中国驻联合国代表团的努力下，这位前"国民政府代总统"的原配夫人，终于回到了她阔别24年的故乡——中国。

李幼邻陪着他母亲经香港从广州入境。

自1949年春他们母子离开祖国家乡以来，已经过去整整24年了。这24年在历史的长河中，只不过是短短的一瞬，但它对一个人的一生来说，却不是一个短暂的瞬间啊。

因为这整整的24年风霜，母亲更老了，儿子也老了，又有谁人能逃脱这

邓颖超、廖成志会见李幼邻母子后合影

个不可抗拒的规律呢?

又因为这整整 24 年时光,世界在变化,中国也在变化。

当李幼邻母子俩踏上自己的国土时,顿时有一种说不清的感觉。他看到,母亲长期紧锁的眉头舒展了,话语多了,笑声也爽朗了。

回国后,他们母子受到了有关方面的隆重接待,周恩来总理的夫人邓颖超以及廖承志等领导接见了他们。尔后,在政府的安排下,他们游览了北京、华东以及湖南等地,最后让李秀文回到广西桂林定居。看到祖国发生如此巨大的变化,看到自己的母亲回国后成天那种喜上眉梢的神情,李幼邻怎不感慨万千呢?

李秀文回国十几年,作为孝子的李幼邻,几乎每年都要回来看望她老人家，而且每次总要住上两三个月。

这些费用和开支，李幼邻说足以买一幢洋房。

但孝子情重，岂是金钱所能换取。

"李秀文故居"坐落在桂林市区叠彩路一号，东临漓江，北边紧靠着有被誉为"江山会景处"的叠彩山，南边不远处便是"山势陡峭，拔地擎天"的伏波山。

李幼邻每次回来，总要陪着高龄的母亲，这里走走，那里看看。叠彩山间的盘山路，漓江之滨的林荫道，伏波山下的还珠洞，碧波荡漾的榕湖和杉湖，无不留下他们母子俩欢乐的笑声与快乐的足迹。

1985 年，将近百岁的李秀文在行动、生活上已有许多不便了。当地政府为了更好地照顾李秀文，让李秀文住进了与故居一街之隔的工人医院，并派专人护理。李幼邻每天都去探望老母亲，与老母亲聊天，帮老母亲整理卫生，让医护人员感动。而当地政府的关怀，医护人员的悉心照顾，也让李幼邻从心里感激不尽。

1990 年 5 月 18 日，李秀文在故乡桂林度过了 100 岁生日，李幼邻与二女儿李雷诗专程从美国回来给老人做寿。广西壮族自治区政协、广西区党委统战部以及桂林市、临桂县的领导，前来向这位世纪老人表示祝贺。

这一天，李幼邻父女站在老人的床前，望着一张张热情的笑脸，望着寿堂里鲜艳夺目的寿幛、五彩缤纷的花篮以及各种各样的寿糕、寿桃等礼品，深深感受着故土缅邈而温馨的亲情。

李幼邻父女向老人送了鲜花，还专门定做了 3 个双层大蛋糕，并且按照桂林地区传统的习俗，准备了几百个刻有"李秀文百岁纪念"的寿碗，送给前来祝寿的友人，以示谢意。

这一天的祝寿活动热闹非凡，新华社、广西以及桂林的各种新闻媒体都作了报道，一些海外华文报纸也刊登了这位前"国民政府代总统"李宗仁原配夫人李秀文百岁寿诞的消息。

1992 年 6 月 18 日，李秀文女士终于平静、安详地走完了她人生 102 年的漫长旅途。

广西和桂林各界人士为李秀文举行了隆重的吊唁仪式，无数的花圈，低回的哀乐，如潮的人流，人们默默送走了这位富有传奇色彩的世纪老人。

很遗憾，作为人子的李幼邻却未能从大洋彼岸及时赶回桂林，送别与他相依为命的老母亲。

李幼邻说，6 月 20 日，美国一家华文报纸刊登了他母亲去世的消息，他的一位朋友看报后立即打电话告诉了他。当时，他还不知道这个事。

恰好 6 月 20 日这天是父亲节，当时正在美国西部的大女儿打电话给他，表达对他的问候和敬意。借这个机会，李幼邻赶紧让大女儿打电话回香港问清楚此事。

当晚，大女儿来了电话，证实了李秀文去世的消息。


人活百岁，终有一死。

尽管李幼邻有着充分的思想准备，老母亲毕竟是高寿高龄了。但当听到自己的母亲真的离他而去时，他不禁老泪纵横，悲从中来。

他慨叹自己母亲的一生，是苦命的一生，凄凉的一生。

因为在长达一个世纪的漫漫时空中，李幼邻认为自己的母亲虽有着一般人所没有的尊荣，但她却没有一般人所应有的实在内容……

历史无可奈何地过去了。

死神不可避免地降临了。

就在李幼邻接到朋友电话的第二天，他立即到领事馆办理了回国手续，预定了 7 月 13 日纽约至香港的机票。在香港稍作休息后，17 日他便风尘仆仆地回到了桂林。

李幼邻身体一贯健旺，从未发现有大的毛病。没想到这次却是癌细胞侵入其肌体，加上车旅颠簸，哀思重重，身体竟急转直下，不到经年也随母而去。

这次奔丧回到美国以后，李幼邻彻底地被病魔袭倒了。1993 年 3 月，他的生命已处于垂危之际，而为老母亲修墓一事尚未着落，他急得伤心落泪。

此时的他，已病卧在床、无力修书了。他让友人代笔，又一次具体交代了为母亲修建坟墓的事宜，并寄来了一千五百美元。他在这封信的后面，留下了他今生今世的绝笔："李幼邻"。

孝子尽终，孝道感人，令人扼腕长叹。

在中国，"百善孝为先"。

他毕竟是一个传统的中国人。


在桂林市尧山澎岭旅游索道广场西侧，有一座占地 30 平方米、呈半月形的墓园。这是李秀文女士之墓，也是一块风水宝地。它紧邻着明代藩王——靖江王陵，头枕着尧山，坐东向西，面朝桂林城，四周长满苍松翠柏。

墓冢由矮垣环绕，碑座正面书刻：


李宗仁原配夫人

李秀文女士之墓


程思远题

李幼邻立


碑座阴面镌刻李幼邻对他母亲的评述：


母亲的一生，勤劳朴素，忠厚善良，慷慨豁达，能忍能让，是中国贤妻良母的典型。

墓冢的盖顶嵌刻着李秀文女士的简历：

李秀文女士（1891—1992）本市临桂县两江镇村头村人。1911 年原配李宗仁先生。1949 年后客寓香港、古巴、美国。1973 年毅然回归祖国定居桂林，连任广西政协委员、桂林市政协常委，长期受到党和政府的热忱关怀。程思远先生赞云："秀文女士，性和易，行笃敬，待人接物，穆如春风。"享年 102 岁。

1993 年 12 月立墓纪念

这些年，李幼邻多次与我谈到为父母亲修墓的问题。因为刚开始时，他打算把自己父母亲的骨灰陈列在纪念馆，桂林有关方面同意了。他立即让他的

墓碑上镌刻着李幼邻为母亲所书的评价

表侄上北京索取他父亲的骨灰，但北京有关方面基于全面考虑，最后不同意让桂林取回李宗仁的骨灰。

李幼邻当时情绪有些激动，甚至想请香港的律师过来办手续，把他父亲的骨灰带回美国去。那天，桂林市政协的领导向他做解释工作。事后，我也与幼邻先生客观分析整个情况。最终他也表示了理解，认为在纪念馆里陈列骨灰的确不合适、不严肃。

在这个情况下，他就想在桂林市区附近找一个地方，让自己的母亲与父亲和郭德洁三人合葬。但由于种种原因，三人合葬之事最后也不了了之。

后来，他曾想在临桂老家下找一块地方，让自己的父母在故土安身。但老家乡亲提出的种种理由与条件，使他又一次失望而去。

1992 年，随着李秀文的去世，为母亲修墓一事便成为李幼邻迫切考虑的问题。

在万般无奈的情况下，李幼邻只好拜托时任桂林市文物工作队的赵平先生，让他想办法在桂林市郊附近买一块农村的地皮作为墓地，并与我说等修好墓后，每年清明节都回来给母亲扫墓。

正当赵平先生顶住种种压力、克服重重困难把墓修好以后，李幼邻却在这一年的清明节前一天溘然长逝。

病魔如此无情，世事如此无情，苍天如此无情。孝子一片忠孝之心，却随着孝子的匆匆离去，而留下了不可弥补的遗憾。


几十年来，李幼邻与母亲相依为命，缱绻情深。不论是羁旅他乡的岁月，还是漂泊天涯的日子，母亲牵挂着儿子，儿子思念着母亲。

军旅的颠簸，抗战的离乱，海外的萍踪，记录着他们母子刻骨铭心的相思和牵肠挂肚的苦愁。

李幼邻把自己的一生与母亲紧紧联系在一起，他孝敬自己的母亲，崇敬自己的母亲。他认为自己的母亲具备着东方女子传统的美德，是贤妻，是慈母，是良师。

程思远先生是这样评价李秀文的：

"李秀文女士性易和，行笃敬，待人接物，穆如春风。1924 年后，德邻先生又与郭德洁女士结合，对外称李夫人，李秀文对此，顾大局，尽本分，不慕虚名，但求实际，相夫教子，相得益彰。因李秀文识大体，德邻先生才无内顾之忧，而能殚精竭虑，致力统一广西、北伐和抗战的大业，纵令秀文女士并不参与其事，亦与有功焉。"

（《我与李宗仁·续集》漓江出版社 1995 年 7 月第一版 6 页）

她从乡下走来。

她漂泊四方。

她用自己的足迹画了一个大大的圆圈，而中国桂林始终是她不变的圆心。

她从一个普普通通的农家女，同样也可以说是三凑六合，而成了"国民政府代总统"的原配夫人，前后经历了清朝末年、民国时期和新旧中国各个时期，整整跨越了一个世纪。

这本身就是故事，就是传奇，就是历史。

综观李幼邻七十多年的一生，我们清楚地看到，在他身上所体现出来的那种传统的孝道与浓浓的亲情，那是一种高山水流长的芬芳，让人感动，让人称颂。

## 人生苦短，父子情长

李幼邻对母亲的情感，众所周知，苍天可鉴。

但他与父亲的关系，绝不是简单用一个词或一句话就可以量化的，或者是可以诠释清楚的。

尽管在李宗仁的整个婚姻过程中，名正言顺的只有李幼邻这个儿子；也尽管李宗仁对自己的儿子倾尽了浓浓的父爱和全力的责任，但李幼邻对自己的父亲始终存在着一些芥蒂，存在着一种说不清、道不明的另类情感。

说穿了，梗阻他们父子情感的，无疑就是李宗仁与郭德洁的婚姻。

不过，我们应该实事求是地说，李宗仁1924年继娶郭德洁后，由于郭一直没有生育，故李宗仁对自己的儿子总是关爱有加的。

李幼邻的表嫂谭明说，老太太给她讲过，李幼邻小时候体质比较单弱，性格内向。其父认为应该培养小孩开朗的性格，首先身心要健康。所以，李宗仁尽量创造条件让儿子参与各种活动，甚至还手把手地教儿子学习体操、骑射，尽管这样的日子并不长……

不难看出，李宗仁对儿子的成长是煞费苦心的，是尽责尽力的。包括他让李幼邻去香港上小学、在广州读中学、到美国留学……这一切，无不是李宗仁的精心安排。

不过，同时我们也应该看到，由于李宗仁在当时的历史环境中所处的位置与家庭的实际情况，他们父子间共同的生活、交往、交流毕竟是很少的。所以，他们父子之间从客观上来说，缺乏沟通、交流的基础与条件。

总之，在李幼邻幼小的心灵里，总觉得是自己的父亲负了自己的母亲，才让自己的母亲终世飘零。

随着岁月的流逝，随着自己阅历的增长与眼界的开阔，也随着自己父亲政坛失意与在海外飘零，笼罩在他心头的阴影才慢慢地消逝、淡化、化解。

想当年，李宗仁风云一时，门前趋之若鹜；而如今，落泊他邦当寓公，霎时门可罗雀。

宦海险恶，命运多舛。

人情冷暖，世态炎凉。

李宗仁在美国的岁月，使他冷静了许多，清醒了许多，也现实了许多。

在那难耐的日子里，他回首往事，总结历史，在旅美博士唐德刚先生的鼎力相助下，写出了洋洋几十万言的回忆录，为后人留下了许多珍贵的历史资料。

又经过了整整 16 年的苦闷彷徨之后，这位前"国民政府代总统"，终于抛开了政治偏见，在他人生的晚年中迈出了辉煌的一步，回到了自己的祖国。

李幼邻说，小时候他和父亲相处的时间不是很多。那时他父亲忙于军事与政务，没有多少时间顾及他们母子。加上从广西桂平随军以后，他们与父亲住在一起的时间很短。后来，父亲北伐、内战、抗战，他与母亲四处飘零。抗战爆发后，他又去美国留学。所以，他们父子虽未到相见不相识的地步，但彼此间确实很陌生，甚至有一种疏远的感觉。当李宗仁寄居海外之后，通过接触与交谈，才使他逐渐了解和认识自己的家世与家事，了解和认识父亲情感上的波涛。

相传在广西临桂的李氏家族祖先是陇西人。一种说法是秦始皇开凿灵渠、沟通湘江与漓江时南迁而来，另一种说法是汉、唐时自陇西迁河南，再迁湖南，最后定居桂林。

李氏在桂林的历史是那样的久远，那样的绵长，但李幼邻这一脉的祖上，却由于几代单传，到李幼邻曾祖父时又家道中落，故从未兴旺发达。到他祖父这一辈，如同他父亲在《李宗仁回忆录》中所说："家用自感十分拮据。"

李幼邻的祖父还曾被当作"猪仔"带到马来西亚当华工，因抗议工头虐待华人，被资方解雇。最后，他祖父怀着对洋人资本家的一腔仇恨回到了桂林。他的祖母是一个非常精明能干的人，待人宽厚，胸怀坦荡，教子从严，这些，对李宗仁影响极大。

还有一件事让李宗仁终生不忘：

有一年粮食歉收，正当青黄不接时，家中断炊。在万般无奈的情况下，李宗仁的母亲带着李宗仁到他外婆家借谷子以度饥荒。虽是亲生女儿来借粮，但生性吝啬的外婆就是不肯借，还说现在市面上利息高，借给自己人不好意思多要，损失太大。李宗仁的母亲一气之下，只好流着泪空手而回。这一年，家里典掉了两亩地，才渡过了难关……

李幼邻说："这件事深深地印在我父亲的脑海里，而且还写进他的回忆录中。他多次向我提及此事，就是希望自己的儿子要自立、自强，要靠自己去奋斗，而不要依赖别人，我当然理解父亲深深的用意。"

在美国时，李幼邻住纽约，李宗仁住新泽西州，父子俩常有往来。更多时候，是李幼邻去看望他父亲，有时他父亲也过来串门。当李幼邻不在家时，便是这对老夫妻忆往事、拉家常、谈儿女、诉衷肠的时候了，其间难免唏嘘。

随着李宗仁被台湾当局打入另册，他在美国更加孤单了，心情也愈发不好了。到了此时此刻，谁还来与你这个落魄的"代总统"谈政治、谈国事，谁还有什么心思与你这个没有价值的寓公闲聊，谁还愿意与你这个满身是非的人接触。

时光流转，世事莫测。

李幼邻看到，曾经驰骋中国政治、军事舞台巅峰上的巨人倒下去了，已经跌入了深渊。作为人子，他的心渐渐地平和下来了，他也不忍心在老父亲累累的伤口上再抹把盐，多少不解，多少积怨，都随着流逝的岁月而渐渐淡漠，渐渐消融，最后终于化解了。

父子亲情，毕竟骨肉相连。

这是一个难以忘怀的日子。

这一天，李宗仁只身来到了李幼邻的住处。李幼邻注意到，父亲今天的气色比以往好多了，神情也比以往开朗多了。

"幼邻，你把门关上，爸爸有事跟你和你妈说。"李宗仁一边喝着茶，一边用家乡的桂林话小声说着。

"我准备回到中国大陆去。"

语调深沉，语气却很坚决。

"什么？爸爸你再说一遍。"李幼邻赶紧问道。

"我要回国，回到中国去。"李宗仁再次表态。"你们想想，我已经老了，客死他乡何苦呢？如果说我以往的历史对不起国家，对不起人民，对不起民族的话，我再也不能糊涂下去了。再说，志圣他妈（指郭德洁）已患不治之症，来日无多了。若再不回去，也许一切都来不及了。"

"中国大陆的态度如何？"李幼邻关切地问。

李宗仁说："程思远先生已与我联系过了，他说周恩来先生等着我回国。为了安全起见，我和志圣他妈准备先去一趟欧洲，尔后再回美国来，以免令人生疑而出现意外，所以要绝对保密。"

李幼邻听后，默默地点了点头。

坐在一旁的李秀文一直没有言语。

"秀文，我们都老了，我先回去了，你稍后也回来吧，我在国内等着你。美国这里的条件虽好，但它不是你我的送终之地啊！几十年来，我亏欠你太多太多了。作为丈夫，我感到很对不起你，让你受苦了，来生再作相报吧。是你宽广的胸怀，免去了我的后顾之忧，成就了我的事业，也使我终生敬重你。如今，共产党宽容我，新中国接纳我，听程思远先生说中国大陆方面为了我回国，已经做了精心的安排。我回去后会想办法给你来信的，你等我的消息吧！"李宗仁对李秀文说。

李秀文的眼泪"吧嗒吧嗒"地往下掉。

这时，李幼邻看到，父亲的眼圈也红了，双手有些颤抖，走到自己跟前，愧疚万分地说："作为父亲，几十年来我关心你很不够，没有给你留下钱财。到美国后，我还需要你的钱接济，为父惭愧啊！不过，这几十年来你自己奋斗，自食其力，你不仅没有依仗我的权势去谋利，你个人的发展也从未让我操心，为父感到高兴啊！父亲回国后，你好好照顾你妈妈，她也老了，老人总是眷恋故乡的，到时我会给你们来信的……"

人老泪辛酸，话别语凄凉。

人的一生，就那么短短的几十年光景，转眼即逝。如今，夫与妻，父与

李幼邻父子合影

子分别在天涯路。

　　该忏悔的已忏悔。

　　能理解的已理解。

　　当原谅的已原谅。

　　看着老父亲哽咽的神情，听着老父亲这一番忏悔之言，李幼邻差点掉下泪来。他觉得自己过去的四十几年间，对父亲始终存在着感情上的隔阂，故常常意气用事，甚至有时没理没由地批评父亲，有时还让父亲难堪。今天父亲的一番剖白，如此深沉的忏悔与检讨，倒让他自己心里隐隐作痛，是当儿子的多年来对不起父亲啊……

　　1965 年 6 月 13 日，父子离别的时刻终于来到了。

经由程思远先生牵线，在周恩来总理的精心安排下，李宗仁终于踏上了神秘、辉煌的回归之旅。

在送行的候机楼里，父子俩默默无语。也许该说的已经说了，也许想说的永远也说不完。更重要的是，他们得到情报说，台湾方面对李宗仁的行踪已经非常注意了，稍有不慎不仅功亏一篑，而且生命都危在旦夕。

为避免嫌疑，郭德洁这次没有一同前往。根据原先制订好的计划，从安全角度出发，棋分两步走，李宗仁先到瑞士，郭德洁仍留在美国，等卖掉房子后再去瑞士与李宗仁会合。而且为了迷惑外界，他们在此之前已经去了一趟瑞士，尔后又回到了美国，做了一次回归前的预演。

李幼邻紧紧地拥抱着自己的父亲，只在心里千声万声呼唤着："保重""平安"。

就这样，这位曾经在中国政治舞台上扮演重要角色、1949 年底赴美"就医"的"国民政府代总统"，不仅没有给儿孙留下半文家产、反而怀揣着儿子送上的一万三千美元，向着祖国、向着生于斯、长于斯的故土飞翔而来了。

据有关资料显示，自李宗仁离开美国后，郭德洁很快就把房子处理了。尔后，她也悄然到了瑞士。1965 年 7 月 17 日，在程思远先生的陪同下，李宗仁与郭德洁秘密辗转，从瑞士苏黎世经日内瓦、贝鲁特再飞往巴基斯坦的卡拉奇。在周恩来总理和中国使馆的帮助下，甩掉了台湾国民党特务的跟踪，于 7 月 20 日安全回到了祖国。

谁不慨叹人生苦短，唯有亲情无价而绵长。

李宗仁留下的不也是一颗沉甸甸的心和一段永远也说不清、更无法回报的情吗？

# 第六章　继母与兄弟

## 无奈的冷漠

李宗仁出生在广西桂林乡下的一个贫寒的农民家里。虽然他接受的文化教育不多，但由于其父是私塾先生，故他很小的时候就开始接触《三字经》《百家姓》和《幼学诗》，尔后又读了《四书》《五经》等。所以，儒家那一套传统、正统的东西，对其今后的人生影响极大。

1924 年，当他在广西桂平与郭德洁结婚时，其新婚的激动和对原配的愧疚相交织的复杂心情，当然是不难理解的。

婚姻一下改写了两个女人的命运：新欢转身成了"官太太"而名噪一时，原配从此后却"冷冷清清，凄凄惨惨戚戚"而孤独一世。

这个残酷而严峻的现实，过早地使年幼的李幼邻品尝到了人世间的苍凉与辛酸。

他认为，就是因为郭德洁的出现，才使自己的父亲抛弃了自己的母亲，冷落了自己的母亲，以至于自己的母亲年纪轻轻就独守空房，凄凉一世。

也正因为如此，李幼邻对自己的父亲在情感上存在着许许多多、隐隐约约的说不清的东西，而把全部的孝心回报在母亲身上。

不过，我们实事求是地说，李幼邻这样看待自己父亲与郭德洁的婚姻，是有失公允的，认识上是有些偏颇的。

因为：

一、在李宗仁当时所处的中国社会，有妻有妾、妻妾同室的现象不足为奇。他父亲的这种行为，并没有骇人惊俗之举和出格的地方。

二、当时桂系盛行"平妻制"，在高官阶层娶小的也甚为普遍。倘若他父亲娶的不是郭德洁，也许就是方德洁或者汪德洁什么的。况且，当时郭德洁已经名花有主了，并与人家订了婚。这桩婚姻的起因不是一个女学生看上驻军的将领，而是作为驻军将领的李宗仁自己看中了年方二八、豆蔻年华的在校学生。如果只是一味地责怪郭德洁，那的确是不公正和不合情理的。

三、他父亲与郭德洁结婚后，依然尽着一个丈夫与父亲的责任，对他母子俩在经济上给予供养，在生活上给予照顾。李幼邻从小学、中学以及到美国留学等等，这一切如果离开了李宗仁，都无从说起。

李幼邻说，当时他只是一个稚童，只能直观地看待这些现象，不可能去理解更深层次的问题。他只是片面的认为是郭德洁夺走了他的父亲，而害了他母亲一辈子。加上他们之间并没有多长时间的共同相处，李幼邻与郭德洁之间，也只能是一种平平淡淡的关系。所以，尽管郭德洁与李宗仁共同生活了四十多年，但作为李宗仁儿子的李幼邻与李宗仁妻子的郭德洁，他们之间的相处始终没有调整到一种正常家庭的那种状态。

郭德洁原是广西桂平一个泥水匠的女儿，当时李宗仁驻军桂平。1924年那个时候，广西革命风气甚浓，学校经常举行"出队"游行。这天，还在上学的郭儒仙走在游行队伍的前面掌旗。正好此时，在此驻军的青年将领李宗仁正在桂平的城门楼上，他被这个豆蔻年华的掌旗姑娘迷住了。后来，在他的部下的撮合下，这位年轻的女学生便成了李夫人。婚后，李宗仁将夫人改名为郭德洁。

为《李宗仁回忆录》执笔的唐德刚先生是这样记叙郭德洁的：

　　"虽是一位小家碧玉，然天生丽质，心性聪明，年未满二十，便着长靴，骑骏马，率领'国民革命第七军广西妇女工作队'，随军北伐了。北伐期中的第七军，真是所向披靡，战功彪炳。那穿插于枪林弹雨之中的南国佳人、芙蓉小队，尤使三军平添颜色。李夫人告诉我，北伐途中，一般同志都把她比作甘露寺里的孙夫人和黄天荡中的梁红玉。所到之处，万人空巷，军民争睹风采，也真出尽风头。"

　　　　　　　　　　　　（台湾《传记文学》第四十七卷第五期29页）

　　唐德刚先生还把她与宋美龄作比较：

　　"郭德洁也是南方人，很漂亮，跟宋美龄是拜把夫人，但她跟很洋化的宋美龄没法比。"

　　在中国近代史上，有这样一个奇特的现象：蒋介石与李宗仁曾分别为国民政府的一、二把手，也是结拜兄弟。蒋介石有子蒋经国、蒋纬国，均非宋美龄所生。李宗仁有子李幼邻、李志圣，也非郭德洁所生。据说蒋介石病重之际躺在病榻上，一手拉着宋美龄，一手拉着蒋经国，让蒋经国要孝敬宋美龄。而李宗仁至死，都没有听到自己的儿子与郭德洁打过一声招呼……

　　毋庸置疑，李幼邻对郭德洁自始至终存在着某种程度的隔阂，甚至从来就没有好感过。想到自己的母亲今生今世如此凄凉，尤其是看到自己的母亲不能像常人那样过着正常的生活，他对郭德洁怎能好得起来呢？

　　李幼邻说，记得他七八岁时，郭德洁对他说，只要叫她妈妈，他要什么就给他什么，但他根本不理睬她。后来，郭德洁让他叫她婶娘，他也从不开口。有一次，郭德洁指着他对李宗仁说："这个小孩老是叫我'喂、喂'，这个'喂、喂'指谁啊？"

李宗仁听后笑了，他也笑了，而郭德洁却气哭了。

而实际上李幼邻心里非常清楚，这样叫人是有失礼貌的，是不尊重人的表现，但作为小孩子，他那时就是感觉从心里厌恶她。

直到长大以后，李幼邻与郭德洁见面，就以点头为礼了。

李幼邻在母亲的怀抱里成长，受母亲的影响极深。他觉得自己的母亲为人厚道，待人慷慨大方，非常通情达理。过去在桂林，乡下的亲戚常来常往。在广州时，也经常是高朋满座，她从来没有把自己摆在"官太太"的位置上。此外，他还认为他母亲对金钱、物质看得很淡、很轻……

李幼邻说，1939 年 7 月，蒋介石夫妇到他们临桂乡下。那时，正是蒋、桂的"蜜月时期"，他父亲李宗仁在抗日前线任第五战区司令长官，蒋介石视察桂林后突然提出要到李宗仁的乡下老家看看。李幼邻的奶奶特地差人到桂林来，让李秀文回去参加接见。按理说，如此风光的事情，一般人也许巴不得能轮到自己头上。可是，李秀文想来想去，最终还是没有露面。因为她觉得，长期以来在台面上出头露面的都是郭氏，她不想在这上头抢镜头。尽管有人怂恿她不能让郭德洁独占风光，她还是识理、知趣地待在幕后，为的是不让自己的夫君在委员长面前难堪。

而李幼邻认为，郭德洁则不同。

在讲究长幼有序、注重排位前后的封建国度里，名分是不能有半点马虎的。每当有人叫李秀文为大夫人或叫"九嫂"（因李宗仁在家族中排行第九）、而叫郭德洁为郭夫人或"郭嫂"时，郭每每心中不快。

李秀文母子刚到桂平时，郭德洁碍于面子，还不敢过于张扬，还能与李秀文同进同出，渐渐地她就独往独来了。凡只要有李秀文在场的情况下，她就不愿出现。尽管李秀文也没有让她难堪过，可她就是自以为清高，不愿与李秀文同在一个场合，生怕屈居在大夫人之后。1924 年和 1925 年在广西桂平、南宁时，她与李秀文母子还住在同一屋檐下。不过，也就短短的年把时间，北伐以后，她们再也没有住在一起了。

这就是堵在李幼邻心中一个难以解开的死结。

这也是李幼邻终生都不肯叫一声郭德洁的最根本的原因。


有一年在美国，李幼邻听到他父亲的老搭档白崇禧在台湾去世的消息，心里别是一番滋味。回家后，他向母亲说起这件事，感慨之余，李秀文却引起了另一个话题——

那是 1944 年的春天，白府上下热闹非凡，白崇禧母亲的祝寿活动正在举行着。突然，郭德洁怒气冲冲找到白崇禧的夫人，质问她为什么不把她的寿幛挂上去，而专门挂李宗仁和李秀文的，非要把李秀文的寿幛拿下来而换上她的……

原来，也许是李宗仁考虑到李秀文与郭德洁同时都在场，关系不好处理，所以他们三人以各自的名义送了礼。不知是什么缘故，白府管家只挂了李宗仁与李秀文的寿幛，却把郭德洁的寿幛忘记挂上去了。

这本来是一件不算什么事的事情，就算管家搞错了，让管家把疏忽的事情补过来就是。而郭德洁却闹得让白家下不了台，也让大家心里不舒服。

处在这场婚姻旋涡中的李秀文是怎样看待自己的婚姻与命运呢？

她在《我与李宗仁·续集》中这样写道：


"联想到我的一生，虽然由于郭德洁的出现，曾使我的命运发生了巨大变化，感情上也受到许多挫伤，但我都认为是人间常事，命中注定。能忍的都忍了，不予计较，不想伤了和气。况且丈夫走南闯北，总得有人在身边照顾着，德洁她享受了名誉地位，但也经历了与丈夫一道在战场上出生入死，对丈夫有所襄助。"

（漓江出版社 1995 年 7 月第一版 78 页）

　　李秀文还是比较客观评价郭德洁的，认为她在北伐过程中，带领广西妇女工作队，活跃在硝烟弥漫的战场上，可谓万绿丛中一点红。在抗日战争中，她发动广西妇女界组织声势浩大的募捐活动，堪称广西妇女运动领袖。此外，她还在桂林创办了学校和孤儿院，为民众做过好事。

　　可是，李秀文也直言不讳，说郭德洁"心比天高，不能与我长期共处，彼此之间，也曾有过不快之事，也曾使丈夫左右为难"。

　　郭德洁从美国回来后，其乳腺癌很快就恶化、扩散，于 1966 年 3 月 21 日去世。在她病重期间，中央政府派专机接郭德洁回京治疗。她去世后，周恩来、彭真等中共要员参加了遗体告别仪式。如此高规格的礼遇，使李宗仁深感满意，遗憾的是他自己也于三年后因患直肠癌驾鹤西去。

　　情感归情感，情理归情理。

　　这点，李幼邻对郭德洁还是把握分寸的。

　　据桂林市文物工作队赵平先生说，李幼邻不止一次地交代他要为他父亲、母亲和郭德洁三人修墓合葬。可见李幼邻的心胸是宽广的，态度是宽容的，处事是客观的。尽管修墓这件事由于种种原因而搁浅，但如果把李幼邻说成是狭隘之人也是不公允的，更是不符合事实的。

　　如今，这些当年的当事人都已经作古了，历史的恩恩怨怨也已经结束了，愿他们在天国里像一家人一样生活吧。

　　今生缘，来生缘，都是缘。


## 手足情深

　　李幼邻是李宗仁与原配夫人李秀文"唯一的儿子"，但李家另有分支。

　　李宗仁客寓美国时，曾对外界披露过，李志圣是他的血脉。

　　李幼邻也亲口对桂林市文物工作队赵平先生和笔者本人说过："李志圣是我父亲的血亲，是我的亲弟弟。"

既然郭德洁不能生育，那也就是说，李幼邻和李志圣便是同父异母兄弟了。

那么，李志圣的生母究竟是谁呢？这个谜底至今仍未揭开。

有确切消息说，桂林市有一位姓赵的老人了解其中的内情，她的丈夫从1936年起一直跟随李宗仁在老河口、北平（今北京）和南京总统府当秘书（其间短期到重庆任职）。

桂林市文物工作队赵平先生，曾找过这位姓赵的老人了解李志圣的生母，但她说，为了德公（即李宗仁）的声誉与形象，她不能说，也不愿意说。

1991年夏天李幼邻回桂时，也曾专门去拜访过这位老人。那天，李幼邻特地邀上我一同前往。老人住在桂林城东三里店一间很简陋的旧房里，客厅不大，家具也陈旧，家里更是冷清。老人年纪的确很大了，她很客气地接待了我们。但当李幼邻问到李志圣的生母时，老人笑了笑，摇着头，就是不回答。

李幼邻出于礼貌，不好强人之所难，留下我给他们的合影后，也只好失望而去。

随着越来越多的知情人离去，那些历史中本来真实的东西将越来越遥远、越来越缥缈。这个谜底，现在或许只有长居瑞士的郭德洁的弟弟郭德风才能破解。

羊有跪乳之恩，鸦有反哺之义。

然而，一对活生生的亲生母子却不敢相认，实在是人世间一大伤悲事。

据说，李志圣也曾表示过要寻找生母，但人海茫茫，母仪渺渺，生母究竟在哪里呢？


李幼邻与李志圣兄弟年龄相差18岁，前者陪伴着生身母亲度过了整个青少年，1937年负笈远去；而后者1938年才来到人世间，其出生还有许多谜一样的故事和说不清的传闻。

众所周知，郭德洁与李宗仁结婚后，一直没有生育。

纵有千般富贵，就是梦熊无兆。

在李宗仁的临桂乡下老家，听说有这样的传闻，当然仅是传闻而已。一天，李宗仁的母亲突然发现，结婚十几年不见生育的郭德洁怎么肚子越来越鼓了，好生怀疑。有一次她走到郭德洁跟前，突然撩开郭的外套，发现郭的肚子上缠着布条，心里一下明白了。

之后不久，李志圣就以"郭德洁养子"的名义进入了李氏家门。

传闻归传闻，但李志圣倒是一位真正的李氏后人。据说李志圣的生母，是一位郭家认可的人物。

李志圣出生在抗日烽火岁月的 1938 年，一直跟随着李宗仁、郭德洁动荡漂泊。1949 年底国民党政权在大陆垮台后，他又与父亲一道流落天涯。


昆仲心，手足情。

李幼邻对自己的弟弟十分友爱，丝毫不敢怠慢。尤在异国他乡，受父亲的嘱托，他把管教弟弟作为自己义不容辞的职责。

李幼邻说，我弟弟小时候很调皮，读书根本读不进去。虽然家道中落，但像他那样年龄的人，少年不知愁滋味，成天只知道玩，我们都为他着急。随着年龄的增长，我不断地开导他，鼓励他去闯荡世界，见见世面，增长见识。再说到了这个年龄，也该找女朋友了。如果有了女朋友，还住在哥哥家里，也有许多不便……

这样，在李幼邻苦口婆心的劝说下，李志圣终于体会到哥哥的良苦用心，浪子回了头。他结束了无所事事的日子，刻苦发奋，上了大学，其间应征入伍两年，后又返回纽约复学。

李宗仁 1965 年归国时，李幼邻对他父亲说，他弟弟李志圣目前尚未长大成人，但他为人诚实，做事认真勤力，将来是会有出息的。他请父亲归国后放心就是……

从李幼邻对弟弟的评价中，我们感觉到李志圣进步了，他让家人放心了。

从学校出来后，李志圣就到美国一家公司找活干，从最基层的做起，先是打杂，后来负责总务工作。因为他也真切地体会到，美国是一个充满竞争的社会，一切只有靠自己去奋斗、去努力，老是依靠自己的哥哥不是长远之计。

长期以来，李幼邻不仅从生活上、工作上对自己的弟弟关怀备至，而且一直为李志圣争取名分，争取地位。

1990 年 8 月，中共中央统战部在桂林举行李宗仁诞辰一百周年纪念活动，有关方面不知是疏忽了，还是出于其他方面的考虑，只邀请李幼邻回国参加活动，而没有邀请李志圣。

李幼邻心里一直不好受。

这天晚上，住在桂林榕湖饭店的幼邻先生与我长谈，感慨不已。他说："我弟弟是我父亲的血亲，这是许多人都知道的事实。他跟着我父亲与郭德洁在海外漂泊了几十年，由于种种的原因，从未踏回过国门。这次我父亲诞辰一百周年纪念活动，本来是一个很好的机会。可惜他没有接到邀请，实在是一桩很遗憾的事。原本我也不想单独回来，甚至不想回来。但我转念一想，假如我不回来参加这个活动，海外会怎么看，台湾方面会怎么看，大陆这里又会怎么看。经过再三斟酌，我最后还是回来了。"

从这里，我们也可以通过这样一个侧面，看出李幼邻感人至深的手足之情。

在结束这一章之前，我们也不妨借用旅美史学家、《李宗仁回忆录》撰稿人唐德刚先生的笔墨，看看他是如何评价李氏家族的人士的。

"我至今觉得李德邻先生是一位长者，一位忠实厚道的前辈。他不是一个枉顾民命、自高自大的独夫；更不是一个油头滑脑的政客。我在他身上看出我国农村社会里，某些可爱可贵的传统。"

　　"至于郭德洁夫人，我觉得她基本上也是一位'鸳鸯'、'平儿'这一类型的好姑娘、贤主妇。不幸她命大，做了'代总统夫人'，无端的被人看成个女政客，实在有点冤枉。"

　　"李先生的长子那时与其生母（李氏乡间的'原配'）同住在纽约。幼邻经商很忙……我们偶尔一见，也很谈得来。李先生的幼子志圣，那时正在纽约读大学，长住家中；后来应征入伍，当了两年美国兵，又返纽约复学。他是位极其诚实忠厚的青年，为人亦甚为爽快，我们相处甚得。李氏的侄子李伦是位工程师，后来也是全美驰名的武术教师，在欧美两洲开办了好几所'功夫学校'，一度也住在李家，我们都变成挚友，相处无间，至今仍时相过从。这三位青年虽也是当年达官贵人的子弟，但是他们都没有以前大陆那些常见的公子哥辈的坏习气，也颇使我刮目相看。"

　　　　　　　　　　　　（摘自台湾《传记文学》第四十七卷第四、第五期）

# 第七章　蒋氏家族和桂系叔叔们

## 面见蒋介石

在中国近代与现代的天空中，伟大的革命先行者孙中山先生犹如一颗璀璨的星星，光耀着中华大地。然而，孙中山先生的革命历程，却经历了无数次的挫折。痛定思痛之后，他终于明白了革命之所以迟迟不能成功，就是没有自己的革命武装队伍。

于是，1924 年 1 月 24 日，孙中山就下令筹建陆军军官学校，并指定以黄埔旧水师学堂和陆军小学旧址——长洲岛为校址。

长洲岛，位于珠江口，距广州城四十多里。岛上，山峦起伏，林木葱郁。它南连虎门要塞，为广州第二门户。因这所陆军军官学校地处黄埔，故也称它黄埔军校。

1924 年 6 月 16 日，孙中山先生率国民党党政军要员出席黄埔军校开学典礼。从此，"黄埔军校"的名字如春雷般响彻云天了。这所为国共两党培养出不少将领的军校，与当时的美国西点军校、日本士官学校、英国皇家军官学校和苏联伏龙芝红军大学齐名。

从此，作为黄埔军校校长的蒋介石，也在此基础上登上了中国政治舞台的巅峰。

1936 年初秋的一天清晨，一辆小轿车载着李幼邻向黄埔军校的旧址急驰而去。今天，耐人寻味的是，蒋介石委员长特意要召见他称之为"幼邻侄"的中学生。

自从李宗仁 1920 年 5 月 11 日与蒋介石第一次见面以来，在这十几年风风雨雨的岁月里，一方面他们既有北伐时在长沙"桃园结义"的情谊，也有刀光剑影的历史；另一方面，他们既有利益一致的妥协和共同携手的合作，同时也有蒋桂相残和不可调和的事实。

李幼邻虽不谙其中的症结，却多多少少知道这位"蒋伯伯"的为人。

昨晚，李宗仁来到了李幼邻母子的住处，看到李幼邻正在做作业，就叫他们母子俩到客厅来。

大家落座后，李宗仁说：

"今天下午蒋委员长约见我，亲热得让我感到不自然，他不谈军机却拉起了家常，而且说明天要见见幼邻。"

不等李宗仁把话说完，李幼邻便急着问："蒋委员长要见我？"

李宗仁看着李幼邻的眼睛，点了点头。

"我不去！"李幼邻一口回绝。

儿子的这种态度，多少也在李宗仁的预料之中，而且今天下午蒋介石说起这件事时，李宗仁当场就很委婉地拒绝了。

因为李宗仁认为，一个堂堂的委员长专门召见一个不谙世事的中学生，有点不伦不类，简直如同演戏一般。

可这位蒋兄今天却是态度坚决，口气不容商量似的：

"德邻兄弟，别再推辞了。我们是结拜兄弟，见见幼邻侄，完全应该。况且他就在广州，明天就让他来，我派车去接，你们不要扫我的兴哦！"

话已经说到这个份儿上了，李宗仁觉得如果再拒绝，就太扫委员长的面子了，所以只得答应了下来。

蒋介石、宋美龄夫妇在李宗仁临桂老家合影

　　而如今儿子的态度也着实让他犯难，但委员长那头已经答应了，无论如何是要动员儿子点头。否则，他在委员长那里也交不了差。

　　因为在此之前，"两广"刚刚发生了揭橥反蒋的"六一运动"。

　　原来，"两广"实力派人物陈济棠、李宗仁、白崇禧等长期以来与蒋有隙，矛盾重重，导致了"两广"不听命于南京政府而分庭抗礼的局面。当"两广"得知蒋介石拟先对桂用兵，联想到蒋介石过去对付异己势力所采用的各个击破的惯用手法，或许下一个打击对象就是广东时，唇亡齿寒，于是"两广"地方实力派的首脑们，空前地团结起来了，他们决定一致借抗日的旗号反蒋。

　　6月1日这一天，白崇禧在广西南宁党政军扩大纪念周的讲话中，正式宣布抗日救国。同一天，陈济棠、李宗仁在广州，以西南执行部和西南政务委员会联席会议的名义，命令第一、第四集团军北上抗日，并通电全国。

这就是史称为反对蒋介石的"六一运动"或"两广事变"。

然而，老谋深算的蒋介石很快就让"两广"的联盟瓦解了。他派重兵压湘，逼迫湖南不敢动弹，又用重金收买了粤军第一军军长余汉谋和空军司令黄光锐。

最后，陈济棠只得仓促出境。

"六一运动"失败后，蒋介石想用武力讨伐广西，但桂系也不甘示弱，准备与蒋决一雌雄。

后来，在各方人事的斡旋下，蒋介石终于用软的方法和平解决了广西问题，使各方面都松了一口气。

因为大敌当前，日本人已经打进家门了。

因为当时国内反蒋的呼声和抗日的呼声日高。

也因为蒋介石深感桂系也不是那么好惹的。

于是，随着李宗仁9月17日只身飞往广州与蒋言和，蒋桂之间又一次实行了妥协。

在这个情况下，蒋介石想以结拜兄弟的亲情约见李幼邻，主要是想通过此举来改善一下蒋桂长期以来那种不和谐的气氛。

当李宗仁简单说了以上这些背景情况后，李秀文说话了：

"儿子，你爸爸刚才讲了不少了，你要体谅你爸爸，无论如何你明天一定要去。如果你不去，一是不礼貌，因为你爸爸已经答应蒋委员长了。更重要的是假如你不去，今后对你爸爸也许会很不好，你知道蒋委员长会怎样对待你爸爸呢？"

最后，李幼邻还是点头答应了。

李宗仁一颗悬着的心也终于放下了。

一场夜雨，把街道洗涤得清清爽爽、干干净净。街两旁的花草树木，青翠欲滴，勃发着无限的生机。

蒋介石的专车风驰电掣般在大街上行驶着，转眼间就到了珠江边。

江上，早有一艘小汽艇在等候，艇上已有一位海军将领。

一个是学生，一个是将军。

四目相对，默默无语。

李幼邻生性木讷，一般不认识的人他不主动搭讪，况且他还是一个中学生。此刻，萦绕在他脑海里的是：蒋委员长为什么要召见他？委员长会提一些什么问题？

上岸后，来人把他俩同时带到黄埔军校旧址的一个接待室里，两人依然相顾无言。

片刻，从接待室里屋走出一位有模有样的年轻军人，问哪位是李幼邻先生，李幼邻赶紧举手答应。

此时，那位海军将领大吃一惊：委座首先召见的竟然是这样一个黄毛小子。

李幼邻朝着这位海军将领点了点头，微笑着进去了。

里面，是一间很宽敞的办公室，墙上张挂着孙中山先生为黄埔军校题写的办校宗旨：

"创造革命军，来挽救中国的危亡。"

李幼邻一踏入办公室，一眼就看到了蒋介石。

"委员长好！"李幼邻毕恭毕敬地喊道。

一见李幼邻进屋，蒋介石赶忙从办公桌那头走过来，一边握着李幼邻的手，一边轻轻拍着李幼邻的背部，然后与李幼邻面对面地坐了下来。

"你可别叫我委员长了，我和你爸是结拜兄弟，我比你爸大几岁，你叫我蒋伯伯好了，叫委员长就见外了。"蒋介石和蔼地说："听你爸说你在广州读书？"

"是的。"李幼邻应道。

"还听说你念的学校是自己选择的，而不是你爸安排的，可有这么回事？"

"是这样的。我主要是考虑，我现在所读的学校比较注重外语，也许对我今后会有好处。所以，我就没有按照我爸的意愿去读省立学校。"

蒋介石大加赞赏："年轻人就应该这样，要有自己的理想，要有自己的主见。总之，要有自己的个性。伯伯问你，你将来想做什么呢？"

这个问题昨晚李幼邻就想过了，他觉得蒋委员长今天估计会提出。所以，他也不假思索就说了：

"我现在还小，考虑问题也不成熟。至于将来做什么，我一时也说不清楚，我只觉得现在只有好好读书，将来才有出息。不过，将来我一定要做一个自食其力的人。"

蒋介石拍手称好："年轻人就应该这样，将来一定会有出息。"

"委员长，哦！不，我又叫错了，蒋伯伯您过奖了。"李幼邻觉得这位活跃于中国政坛的枭雄，平时给人的印象是何等的威严、何等的神秘和何等的至尊至上。而今天，他的确如同一个极富人情味的"伯父"。

接着，蒋介石问起了他们在广州的生活：

"你和你妈妈在广州过得习惯吗？听说你们桂林人吃辣椒很厉害，是不是这么一回事？"

"我和妈妈在广州这里过得很好，一来两广习性相近，二来我们到广州也已几年了。由于我们在桂林生活的日子并不长，所以我们对辣椒可有可无。"

"那你知道桂林人为什么那样喜欢吃辣椒吗？"蒋介石出了一道难题。

李幼邻确实没想过这个问题，停顿了片刻。他转念一想，桂林毗邻湖南，又有很多湖南人在桂林生活，加上桂林天气潮湿、寒冷等等，李幼邻如此地说了一通。

没想到蒋介石听后却频频点头。

也许该到辞行的时候了，恰好此时一个侍从官进来续水，李幼邻便站了起来："蒋伯伯！我准备走了，谢谢您的接见。您很忙，接待室外面还有人等着您，您能不能帮我题个词？"说着，李幼邻拿出了事先准备好的纪念册。

蒋介石答道："你既然要走，我就不留了。记住，伯伯希望你要好好读书。只有读好书，将来才会有出息。另外，回去以后一定要代我向你妈问个好。"

说完，蒋介石走过去到办公桌上拿了一支笔，在李幼邻的纪念册上写着：

"幼邻侄克勤克俭　中正题"

几十年来，李幼邻一直保存着这个题词。

他一生蔑视权贵，不愿与达官贵人有更多的交往接触。他懒于应酬，淡泊名利，我行我素，甚至自命清高。

也正是因为他少交际，所以对蒋介石的这次召见，印象特别深刻，以至于 1992 年在桂林与我谈起这件事时，其细节、其场景仍记忆犹新，娓娓道来。

## 桂系的叔叔们

国民党桂系，在中国近代的政治舞台上和军事舞台上，曾经扮演过重要的角色，并留下浓墨重彩的一笔。从 1925 年 7 月正式形成，到 1949 年 12 月覆灭，桂系在各个历史时期都用自己的行动和所发生的事件，书写着纷繁而复杂的历史。

在北伐过程中，桂系部队英勇善战，所向披靡，有"钢军"之称。在 1927 年的白色恐怖中，桂系站在人民的对立面，参与了血腥的屠杀。在抗击日寇的斗争中，无数广西子弟血洒疆场，为国捐躯。在此期间，他们也曾与新四军摩擦过，同室操戈。在国共两党在大陆的最后较量中，他们既有要求和平谈判的一面，同时在"划江而治"愿望破灭后，又不识时务地与共产党的军队做最后的拼命，终于拼掉了桂系的老本，从而使桂系走上了覆灭的道路……

国民党桂系，不论是前期的"李、黄、白"（李宗仁、黄绍竑、白崇禧），还是后期的"李、白、黄"（李宗仁、白崇禧、黄旭初），李宗仁始终是他们的首领和兄长，始终是桂系的龙头老大。

李幼邻第一次见到黄绍竑，时间大约是 1925 年底。

从 1924 年 6 月"李、黄、白"兴兵讨伐陆荣廷，到 1925 年 7 月把云南军阀唐继尧赶出广西，仅用了一年多一点的时间，他们就以两万左右的兵力，战胜了十万之敌，统一了广西。

广西统一后，因为建省的工作与军队的事务，李宗仁早早就从桂平到了南宁。后来，李幼邻与母亲也跟着去了。所以，他们母子俩在广西桂平住的时间很短。

李幼邻说："那天我父亲带着我和母亲去省府衙门，黄绍竑正躺在烟榻上抽大烟，吞云吐雾，如醉如痴。当时我还年幼，别的事情记不起来了，唯有这位黄叔叔抽大烟的印象怎么也抹不掉，我父亲的回忆录中也有记载他抽大烟这件事。后来，我母亲也与我说了，广西统一后，很多将领们的家眷都到南宁来了，唯有这位黄叔叔的夫人在广西容县乡下的老家。于是，这位叔叔染上了恶习，出入烟花柳巷，还抽起了大烟。后来，在我父亲等人的规劝下，黄叔叔一改颓唐作风，戒了烟，改了恶习，娶了新娘子，重新振作了起来……"

许是年幼的缘故，许是历史久远的缘故，梦里依稀几十载，李幼邻说他仿佛记得省府衙门里面很大很大，有操场、有法庭，还有监狱等等。

北伐以后，李宗仁带领第七军将士驰骋沙场，黄绍竑则主政广西，留守后方。在这种情况下，李幼邻和他的母亲在南宁的生活、安全等等一切，都由黄绍竑照顾着、保护着。

一天，黄绍竑带着他新婚的蔡夫人，喜气洋洋地来到李幼邻的住处。人未进屋，话可先到了：

"嫂子，我们来看你们母子来了。"

李秀文赶忙迎上前去，答道："黄将军，你和夫人太客气了。"

"昨晚，北伐前方又传来喜讯，我们广西的部队又打了胜仗。军事进展得很顺利，只是辛苦了德邻兄。"

"孩子他爸爸过惯了战场的生活，再说军人就是为了打仗。"本来，李秀文还想说，孩子他爸身边有郭德洁照顾着，但一想这个黄将军的新夫人也是桂系"平妻制"的产物，故把话忍住了。

李幼邻一直站在母亲的身边，一会儿看看这位黄叔叔，一会儿看看黄叔叔身边的年轻夫人，看得这位夫人有点不好意思起来。她拿出糖果，招呼着给李幼邻吃。

李秀文与黄将军还在继续着聊天。

"黄将军近来可好？"李秀文本意想问他政务方面的事，可黄将军自己却理解偏了，他还以为是李秀文想当着他新夫人的面，揭他过去的老底呢。

他有点诚惶诚恐地说："好，好，我现在烟戒了，坏的毛病也改了。我还真的要感谢德邻兄的帮助，感谢同僚们的帮助。"

李秀文笑了。


在这以后漫长的岁月里，李幼邻与这位黄叔叔再也没有直接打过交道，但他在桂系里的沉浮，他的政治抱负，他的人生走向，他都再清楚不过了。

1930 年，桂系准备北上参加中原大战。因黄绍竑裹足不前，贻误了战机，使桂系在湖南衡阳惨败。回桂后，白崇禧、张发奎等将领要清算他，最后是李宗仁保护了他。

在桂系处于最困难的时刻，黄绍竑却心怀去志，要脱离桂系，而且是去投奔蒋介石。李宗仁也不为难他，不仅给了他一笔钱，还派人护送其出境。

　　1949年，江阴要塞已经失陷，解放军破城在即。在此危急关头，李宗仁自己也已是泥菩萨过河——自身难保。但李宗仁还是为这位几分几合、前来劝和的广西老弟飞赴香港做了周密安排，并为他准备了一笔款子……

　　李幼邻说："我所知道，黄绍竑叔叔辛亥革命时就参加了广西学生军敢死队，在讨伐广西军阀陆荣廷的战争中，任西路军总指挥，从而成为桂系首脑之一。离开桂系以后，他在国民政府中也任过许多重要职务。1949年他也曾作为国民政府和平谈判代表团成员，赴北平参加国共和谈。当看到国民政府大厦倾覆的时候，他毅然地站在新政权一边，站在人民一边。从我父亲回忆的这些往事中，再从我1947年和1948年在大陆的所见所闻中，我体会到这位黄叔叔是一个很实际的人，更是一个识时务的人。他当年之所以离开桂系，并不是说他背叛桂系。而是桂系的一些将领们已经不能容忍他了，他在桂系也没有发展的空间了。所以他离开桂系，对他来说也许是一个聪明的选择；换一个角度，对桂系来说，也未必就是一件不好的事情。至于最后他与蒋介石分道扬镳，相信这也是他多年宦海浮沉的深刻总结而做出的抉择。"

　　所以，李幼邻对这位黄叔叔还是客观给予评价的，认为他是一位识时务的俊杰。


　　李宗仁与白崇禧，同为广西临桂人。几十年来，不论是在血雨腥风的政治旋涡中，还是在出生入死的战场上，他俩始终如一，患难与共，休戚相关，相依为命，以敦厚和智慧组成最佳搭档，成为桂系的擎天柱。

　　在近代中国军阀的纷乱岁月里，在相互利用、狼狈为奸的丑陋人际关系中，在尔虞我诈、钩心斗角的情况下，唯有来自广西桂林的李宗仁、白崇禧形影不离，亲如兄弟，被世人称为"李白"。

　　曾任白崇禧秘书的谢和赓先生曾在一篇文章中这样写道：


　　"白（指白崇禧）曾对我们说：'有人以为我因德公（李宗仁，字德邻）

常不在广西，把德公的领导权实际上夺走了，这真是痴人说梦话。我可以告诉你们，当我接到德公要由广州回南宁的消息，便马上通知叶琪总参长通知有关部门的负责军官，所有文件和汇报，都直接送呈德公，向他请示。"

（《李宗仁轶事》漓江出版社1994年4月第一版第72页）

另外，李宗仁也在自己的回忆录中这样写道：

1923年6月，"这是我和白崇禧初次详谈"。"以后我和白氏共事二十余年，推心置腹，患难与共，虽有人屡次企图分化离间，我二人只一笑置之。世人多有因此形容李、白实为一人，私衷亦觉当之无愧。"

（《李宗仁回忆录》第195页）

从这里，我们可以看出，"李白"之间是相互信任、相互尊重的。李宗仁并没有因为白崇禧的精明能干而加以防范，白崇禧更因为李宗仁的忠厚、豁达而敬重他的这位同乡兄弟。

1949年11月20日上午，这两位患难与共的广西临桂同乡兄弟，面对着四面楚歌的残局，生死离别在他们发迹的广西南宁。

《金陵夕照梦》一书中是这样描写的：

"'德公，按照预定时间，专机要起飞了……'白崇禧不无遗憾地看了看表，已是八点十分了。他这时非常地不情愿李老大走了。

机场跑道上响起轰隆隆的马达巨吼声，'天雄号'专机预定今晨八点由南宁直飞香港启德机场，李宗仁夫妇在香港稍作停留，然后将飞往美国纽约就医。昨天晚上程思远已先抵香港，为李宗仁夫妇赴美做安排。

李宗仁神色黯然地站了起来，两眼定定地望着白崇禧，什么话也说不出来。

'大哥，你还有何吩咐？……我真的不情愿你这个时候走，我从来没有像现在这样心虚过。'白崇禧喃喃地说着，眼圈就红了。

李宗仁一下扑过去，紧紧地拥抱着白崇禧的肩膀，失声痛哭起来。

当白崇禧扶着李宗仁终于从会客室走出来的时候，李宗仁的侍从副官发现李、白两人的眼眶里都滚动着泪水。他急忙走上去搀扶'代总统'，可白崇禧仍不放手，到了舷梯下面，李宗仁又一次紧紧地握着白崇禧的手，然后才由侍从副官搀扶着缓缓登上机舱口。

李宗仁慢慢钻进机舱，地勤人员正要移开舷梯，忽然见李宗仁又从机舱里钻了出来，双脚踏上舷梯，摇摇晃晃地走下飞机。

李宗仁此举不仅使已经登机的夫人郭德洁大吃一惊，就连伫立在跑道旁的白崇禧也感到莫名其妙。

李宗仁下了舷梯，快步走到白崇禧跟前，用那颤抖的手轻轻扶着白崇禧的肩膀，摇了摇头，说道：'老弟切记，世界上任何地方都可以去，唯独不可去台湾与老蒋为伍！'……"

（《金陵夕照梦》中国华侨出版社 1994 年第一版第 386 页）

如此伤感，如此凄凉，却又是如此感人。

李幼邻说："白叔叔待我如侄，我却对他敬而远之。众所周知，白是遐迩闻名的'小诸葛'，在军事上足智多谋，给人的印象是威风凛凛，不可一世。而他在待人接物上，似乎总摆出居高临下的架势，让人仰视而感到压力。每次与他见面，他总要提出许许多多的问题，问许许多多的情况，并要我表达自己的意见，搞得我有时很紧张。尤其是小时候，每每看到他威严、严肃的样子，心里着实有点害怕。不过，白叔叔总是很忙，因他与我父亲的这层关系，我们见面为礼节性的居多。"

1934 年的暑假转眼间就结束了，李幼邻与母亲也将返回广州了。原先李宗仁答应他们母子俩，今晚与他们共进晚餐，但左等右等，始终不见李宗仁出现。下人建议李秀文给李宗仁去个电话，但李秀文冷冷地拒绝了。

李幼邻心里也好生纳闷：明明这餐饭是父亲自己交代安排的，说要为他们饯行，怎么到时连个人影都不见呢？

母子俩边吃饭，边生闷气。但他们哪里知道，又一个历史事件出现在桂系和李宗仁的面前，桂系和李宗仁等将领又将面临一个历史的考验——

火辣辣的太阳刚从桂林西边的猴山顶上坠落，几辆军车载着荷枪实弹的士兵，从南溪山方向急驰而来，车到市区中心，过阳桥，尔后向左急转往榕湖方向开去。

汽车走过，尘埃飞舞。刺耳的喇叭声，扬长而过。顿时，桂林城的气氛显得紧张而恐怖。市民们纷纷猜测：莫不是又有大事要发生了。

这是一间不是很大的会议室，墙上挂着一张桂北地形图，一身戎装的白崇禧手持着指挥棍站在地图前，李宗仁以及桂系其他几位高级将领也都神色凝重地在现场。

征得李宗仁的同意后，白崇禧严肃地开场了。

"各位，红军在江西的第五次反'围剿'中已经失败，我们已得到情报，萧克率红六军团作为红军的先遣队，估计会向湖南、广西、贵州方向进军。大敌当前，形势严峻，我们广西首当其冲。但是，我们从有关渠道还得到一个密报，还有一个更严重的情况摆在我们面前。"

众将愕然。

这时，李宗仁站起来，对众将领说道：

"蒋介石拟采用政学系干将杨永泰的建议，先逼迫红军进入我省东部和广东西南部。尔后，中央军随后跟进。当两广部队与红军拼个你死我活时，老蒋再把我们大家一起吃掉，这就是老蒋的'一石三鸟'计划……"

今天，当我们再回过头来分析，当年地位、武器、财政、物资等方面都要比共产党强得多的蒋介石，为什么会失败时，我们从桂系对待当年红军的做法中，也许可以看出蒋介石政权的致命伤。

因为蒋介石为了实行独裁统治，总是想极力削弱甚至消灭地方实力，进而强化中央政权。这样一来，这些地方实力派，当然不可能死心塌地地为他去卖命。

就说这次对待红军的态度吧，从本集团的根本利益出发，桂系在这次会议上确定了对红军的策略：

只宜尾追，不宜堵击，绝不与红军打硬仗。白崇禧把它形象地总结为"打尾不打头"。

为了保存自己的实力，桂系当然不愿意把自己的老本搭上。所以，李宗仁、白崇禧决定放弃原来坚决拒红军于广西境外的策略，改为开放桂东北通道，让开道路，让红军尽快过境。

于是，后来就出现了以下现象：

桂系第七军的六个团，"护送"着红军走出广西进入贵州；桂系的十五军，在红军主力进入广西时，撤离湘江防线，使桂北地区的全州至兴安60公里地段的湘江一线，无兵防守。

白崇禧精明能干，很善于把握火候，更善于掌握众将领的心理，经他一渲染，桂系众将领一个个摩拳擦掌。

会议结束时，月已西斜了。

众将领走后，李宗仁、白崇禧两人还坐在那里议事。这时，李宗仁的副官走了进来说，李幼邻一直在客厅里等着呢。

李宗仁一拍脑袋，连声说："哦！我真忘了，今晚我说为他们母子俩饯行的，没想到碰上如此的事情，把他们母子撂下了。"

"快叫我的大侄子进来。"白崇禧赶紧说。

一见李幼邻跨进会议室，白崇禧先开口了："大侄子这么晚还来，肯定有要事。不过，很对不起了，你爸今晚是让白叔叔拖住了，耽误了你们吃饭，我给你赔不是了。"

李幼邻毕恭毕敬地站在白崇禧面前，笑着说："白叔叔，您老喜欢开玩笑。"

白崇禧说："我的中学生，我不跟你说了，有事你与你爸交代吧，待会儿我和你爸还要加班呢。"

这时，李幼邻才与父亲说了话："爸爸，我和妈妈明天就回广州了，回去的东西我们都准备好了，我只是来与你告别一声。"

李宗仁有些愧疚，摸着儿子的头说："对不起你和你妈了，因临时出现了急事，爸爸把你们忘了。明早我就不去送你们了，等一下我让他们安排好，希望你回去后好好读书，这才是爸爸所期望的。"

李幼邻点了点头。

与父亲、叔叔道别后，李幼邻正准备离去。

突然，白崇禧对李幼邻喊道："大侄子，你回来，我问你一个问题。如果有人要你为他卖命，而这个人却在你为他卖命后捅你一刀，你该怎么办？"

李幼邻不假思索地说："你不给他卖命就是了。"

李宗仁、白崇禧听后哈哈大笑。

李幼邻觉得云里雾里，不知所以然。


李幼邻最后见到这位白叔叔是在 1948 年的秋天。

此时，中国大陆整个局势已经出现了明显的变化，国民党已经输掉了整个东北战场，共产党在胜利完成辽沈战役后，又拉开了淮海战役的序幕。

李幼邻回国已经一年多了，经过了种种考虑、甚至经历了亲身实践体会后，他觉得自己不可能在国内发展了，太太也完全不适应中国这个环境。于是，他们决定举家前往香港。去香港之前，他先把母亲送回了桂林，接着他上南京，想与在国民政府担任副总统的父亲道别。

这一次，李幼邻与珍妮一道由上海去南京。他认为上海到南京就那一点点路程，不想麻烦人家，自己随便到车站买了两张硬座车票就去了。

可他哪里知道，淮海战场，大战在即，难民滚滚，车站乱成一锅粥。他们夫妻进站时，被苏北涌来的难民冲散了。乱哄哄的人群，乱糟糟的秩序，珍妮从来没见过这种场合，当李幼邻上车后，却发现珍妮不见了。

这下，李幼邻心里有些慌了。在这乱世里，在这种混乱的情况中，什么事情不会发生呢？忽听得妻子的喊叫声，李幼邻跳下车，挤开了人群，冲了过去，一把拽住珍妮，才心神不定地挤上了火车。

看到泪眼汪汪的妻子和混乱的局面，李幼邻心里真正感到有些后悔：为什么不让人事先预定一个火车包厢呢？

按常理，自己的父亲在当时国民政府首都南京城当副总统，而此行又是与自己的父亲辞行，让父亲安排一下也是未尝不可。但性格倔强的李幼邻却不想沾这个光，到南京后，他自己找了一家很小的旅店住了下来。

昏黄的灯光，又黑又破的蚊帐。看着凄凉破败的情景，想着风雨飘摇的时局，夫妻俩都无法入睡。后来，他们一起动手，一个撕着报纸把它卷成团，一个逐个洞眼地在"补蚊帐"。

坐着坐着，他们突然觉得脚上、身上奇痒无比，一看全是令人发怵的臭虫。

这时，他们才体会到南京臭虫的厉害。一个国民政府副总统的儿子，不住宾馆，却在这样简陋的小旅店里，遭受着臭虫的袭扰，不能不说是一个另类。

"我们今晚就这样过？"珍妮发话了。

李幼邻听出了话外音，但他把话题一转："你不是说要体会一下中国的现实生活吗？这是一个难得的机会。"

"你这个滑头。"珍妮甩出一句话。其实，她心里也清楚，李幼邻正是不愿意沾父亲的光才这样做的。况且，他也不愿意与郭德洁同在一个官邸里。

第二天上午，得知父亲因会议没有时间后，他们夫妻俩先去了白崇禧家。

此时，他的这位白叔叔在他父亲当选为副总统后，已经在老蒋的"精心"安排下，从国防部长的位置上退下来了，去担任那个什么战略顾问委员会主任委员，还兼华中"剿总"总司令，听说白夫人还为此而生气呢。说什么德公升副总统，我们家老白倒霉，直让白崇禧呵斥了一阵才不吱声了。

其实，李幼邻也清楚，他的这位白叔叔心里是非常痛苦的，一个想在政治上有所作为的人，却处处受到权力与阴谋的掣肘和颠踬，以至于郁郁寡欢，有时甚至就是让人愤怒。老蒋在李宗仁选副总统这个问题上，用尽了权势，绞尽了脑汁，但最后还是李宗仁当选了。老蒋生怕李宗仁当副总统后，担心会与白崇禧联手反蒋。于是，一面加紧对李宗仁的监控，一面不断地削弱白崇禧手中的权力。白崇禧愤慨不已，与老蒋斗气，想撂挑子不干，躲到上海休闲去了。最后，还是黄绍竑前往上海劝说。他权衡利弊后，才去汉口就任……

本来，白崇禧今天中午有应酬，但一听说李幼邻与媳妇一起来，他毫不犹豫地拒绝了别人。

午宴丰盛无比，白崇禧频频举杯，兴致极高。

"昨晚住傅厚岗（李宗仁任副总统时在南京的公馆旧址）？"白崇禧突然问道。

李幼邻摇了摇头。

当得知李幼邻夫妇昨晚住在那样一个简陋的小旅馆后，白崇禧声调高了："我说你这个大侄子啊！你可以不住你父亲那里，但你可以过我这边来，况且你还带着媳妇，不知底细的人，还以为我这个当叔叔的拒人于门外呢？你真不像话。"

李幼邻只是笑笑。而珍妮却不明白这位叔叔怎么突然动怒呢，经李幼邻解释后心才安下来。

也是多年没有见面了，这次又看到李幼邻带着媳妇来，白崇禧特别兴奋，不断地往珍妮的碗里夹菜，可珍妮总是吃一点点。

"你让你媳妇多吃菜啊！"白崇禧交代着。

"她怕发胖，每餐只吃很少的东西。"

"这外国人可真是的，胖有什么不好。不过，我告诉你，你媳妇一点都不胖，她很美，是个美人。"

当李幼邻把这些话向珍妮翻译后，她笑了。

这餐饭用了很长时间，吃完饭后，白崇禧安排珍妮歇息去了，他要留下李幼邻单独聊天，也许憋在这位叔叔心里的话无处发泄。

"大侄子，你算是跑过世界、见过世面的人了，你对国内的时局有什么看法？"白崇禧开门见山。

"我一向不关心政治，但我看得很清楚，这个政权恐怕维持不了多久了。"

"你怎么会这样判断呢？"白崇禧有些不服。

李幼邻说："我在美国时，都听说国民党太腐败了。回国一看，比我想象的还厉害。现在东北已经被共产党占领了，国民党已经断了几根肋骨了。你看看整个时局，动荡不安，秩序混乱，物价飞涨，百姓叫苦，人心都跑到共产党那里了。"

"所以，你就觉得很失望，就要离开大陆，就要跑到香港定居了？"白崇禧说。

"或许吧？另外，我太太对国内的环境也很不适应。再说，大姑娘也到上学的年龄了。"

"你去香港后，你母亲那头怎么办？"白崇禧关切地问。

李幼邻回答："我准备先到香港安顿一下，安顿好后再把母亲接出来。"

白崇禧"嗯"的一声，接着说："叔叔我还是想和你谈谈时局。"

李幼邻说："白叔叔，其实你心里比我还清楚。你和老蒋打了这么久的交道了，他对你和我父亲又怎样啦？你和我的父亲都不是他的对手啊！因为你们都没有他那种手腕。"

似乎戳到白崇禧的痛处，从白崇禧流露出来的神情中，李幼邻隐隐约约地感觉到这一点。

可不是吗？白崇禧心头正憋着气呢。他想自己二十几年来，鞍前马后为老蒋卖命，可老蒋却处处防范他，防范桂系坐大把他吞掉。这次李宗仁当选为副总统，为防范李、白，老蒋把空有虚名的副总统高高挂在南京城，而把自己这个国防部长一脚就给踹了。不仅如此，为防范桂系拥兵自重，老蒋又把华中划为"华中"和"徐州"两个"剿总"，目的就是要分散自己的兵权啊！没有兵权，算什么将领啊？

白崇禧沉默良久，才说："你爸爸好歹现在是个副总统了。"

李幼邻说："白叔叔，我真担心我爸爸这个副总统，看得出来我爸爸是在受罪，他是在一个不知底的深渊里越陷越深，以至于不能自拔……"

这是李幼邻最后一次与这位桂系叔叔见面。

时局的发展如同李幼邻预料的一样，到了1948年12月中旬，淮海战役已接近尾声，国民党败局已定。在如此严峻的关头，心里一直窝着火的白崇禧向蒋介石发出"亥敬"电（《蒋介石生平》吉林人民出版社1988年版第517页），再一次逼蒋下台。

另外，还有一个更重要的情况就是，白崇禧从李宗仁那里得到了美国人"要蒋下、要李上"的消息。于是，这位"小诸葛"又来劲了。

淮海战役中，国民党军队80万精锐部队被歼。此时，国民政府已经没有多少向共产党讨价还价的资本了。在白崇禧、程潜、张轸等国民党高级将领劝退的呼声中，蒋介石终于于1948年12月31日发表文告，宣布下野，并声明：

"我并不要离开，只是你们党员要我退职；我之愿下野，不是因为共产党，而是因为本党中的某一派系。"

（《蒋介石生平》吉林人民出版社1988年版第521页）

李幼邻说，白叔叔是一个很神奇的人，很了不起的人，也是一个很复杂的人。

1923 年他就被孙中山任命为广西讨贼军参谋长，1925 年成为桂系首领之一，北伐时任国民革命军总司令部参谋次长并代参谋长，抗战时任军事委员会副总参谋长，参与制定对日作战计划。他的许多军事思想被蒋介石采纳，更在军队中流传与运用，故有"小诸葛"之称。1939 年，他曾指挥过桂南会战，获得了昆仑关大战的胜利。在政治上，他坚决反对共产党。1949 年初，他仍坚持与共产党"划江而治"。最后，他将手中的 20 万军队耗尽，也把桂系的老本输个精光。

李幼邻认为，虽然每个人有自己不同的政治抱负，但白崇禧人生的最后走向，也许有他不够慎重或者是局限性的地方。那就是走错了一步棋——去了台湾。

因为：一、在二十多年与蒋介石打交道的过程中，他明知蒋的为人以及蒋对桂系的态度，一次又一次的血雨腥风的争斗，一场又一场的真枪实弹的厮杀，而每每以桂系的失败告终。历史的教训历历在目，犹在眼前，而他却把它置之脑后。1949 年初，蒋介石把李宗仁推到前台，4 月破天荒地拨给"华中长官"的白崇禧 400 万银圆，竟让他对蒋介石马首是瞻。其实，老蒋的真正目的是希望桂系以及白崇禧掌握的部队，抵挡势如破竹的解放军，进而等待国际机会，再与共产党周旋。所以，从战略角度上说，李宗仁出任"代总统"、白崇禧率部最后与共产党的搏斗，给蒋介石撤往台湾起到了一个非常关键的缓冲作用，并非是"天降大任于斯人也"。

二、桂系屡屡与蒋作对，几次逼蒋下野，白崇禧几乎都充当先锋。不妨看看过去的历史：1927 年 8 月，处在政治旋涡中的蒋介石，被迫无奈地提出要"休息"一下，白崇禧第一个表示赞同。1948 年 12 月 24 日，他又给蒋介石发出"亥敬"电，要老蒋下野，让蒋介石火冒三丈，以为是"李白"想迫不及待地登台。这样的部将，能不被视为眼中钉吗？再说了，他本人也已经预感到蒋会加害于他，甚至已做好了流亡海外的准备。然而，1949 年，在国民党军队全面溃败大陆的时刻，眼看这"蒋家王朝"已经垮台了，白崇禧看到老蒋让他赴台的亲笔信后就贸然前往了。可见他对老蒋、对时局、甚至对自己的今后仍存幻想，仍有"幼稚"的因素。

三、李宗仁临走时千交代万交代，就是要白崇禧不要去台湾，千万不能与老蒋为伍。但老乡的话忘了，老朋友的话忘了，结果果然应验了。白崇禧到台后，受冷落、受管制，最后不明不白地死于海岛。

从一些资料中我们看到，蒋介石在大陆即将失手的情况下，要白崇禧去台，其目的就是借助他与李宗仁的关系，劝李宗仁辞去"副总统"职务，让蒋重新出山。

1950年1月16日，受蒋介石的委托，白崇禧给在美国"治病"的李宗仁发去电报，转达了蒋介石的建议：要么李宗仁回台履行"代总统"职务，要么辞职由蒋恢复职务。电报最后说："不辞代总统，又不返台，对德公最为不利。"

本来李宗仁不甘心自己的失败，准备回台重整旗鼓大干一场。可是，蒋介石却于1950年3月1日，迫不及待地宣布"复行视事"，重新走到了台前。

当然，对蒋介石已不抱任何幻想的李宗仁，此时也不甘示弱，马上在美举行记者会，指责蒋"违宪"。蒋无奈，只得迁怒于白。李宗仁为了不想当张学良第二，当然不可能回到台湾了。而失去利用价值的白崇禧，从1950年3月以后，也就失去了自由，成天处在特务、警察的监视之中。1966年12月2日，一向身体健壮的白崇禧，却全身发紫地死在地板上，死因至今都是一个谜。

1931年1月15日，黄绍竑决意离开桂系，开始了与蒋介石合作的另一种政治生涯。

于是，桂系的另一个新首脑出现了，他便是黄旭初。

黄旭初与黄绍竑，都是广西容县人。黄旭初是1916年北京陆军大学第四期毕业生，后留学日本，1917 年回国。因他与李宗仁曾同为广西陆军速成学校同学，所以，当李宗仁当年得知广西自治军的蒙仁潜要杀害黄旭初时，赶紧派副官前往说情，并送了一箱大洋和几根金条。李宗仁不仅救了黄旭初一命，而且一直对他委以重任，使他成为桂系的新首脑。

李幼邻说，他年少时生活很不稳定，东奔西走，桂平——南宁——香港——广州——桂林，来回折腾。记得在广州读书时，几乎每年暑假都回桂林来，每次回来，黄旭初都热情接待他们。这位广西主席给他留下的印象是：俨然一副教书先生的派头，一点也不像一省之长。他为人和蔼可亲，慈祥善良，寡言少语……

而实际上，李宗仁、白崇禧把他放在那样一个位置上，并如此信任。而且经常是"李白"征战前方，他主政广西长达 19 年、而令"李白"放心。单从这点看，黄旭初亦非等闲之辈，他也是桂系的一根大梁。


1932 年的夏天来临了。

李秀文原想这个暑假就在广州过就算了，因为她不想让李宗仁为他们母子俩更多地操心。作为妻子，她从李宗仁步履匆匆的脚步声中和紧蹙的眉宇间，感觉到李宗仁正承受着一种巨大的压力。而事实上的确如此：

1930 年三四月间，桂系北上参加中原大战，部队在湖南衡阳严重受挫，失败而归；

1931 年 1 月，作为桂系首领之一的黄绍竑，心怀去志，执意要脱离桂系，去投奔蒋介石；

此外，当时粤军尚占领着广西的贵县、宾阳、梧州一带，并切断南宁与柳州、桂林的交通线。此时的桂系，实际只守着广西的半壁江山；

另外，滇军在蒋介石的命令下进逼南宁……

两广势同水火，兵戎相见。但随着 1931 年 2 月 28 日、蒋介石无故软禁胡汉民这个事件的发生，两广突然间由粤桂对立变成了反蒋同盟。于是，这个时期的中国戏剧性地出现了广州和南京两个国民政府的局面。

世事纷繁，岁月蹉跎。而对一个初中生来说，又能意味着什么呢？他又能懂得多少呢？他又怎能理解大人的心情呢？李幼邻一个劲地要回桂林，因为在广州的日子他觉得实在太烦闷了。最后在征得他父亲的同意后，李秀文也只好跟着儿子回来了。不过，她也寻思着，儿子长这么大了，对家乡美丽的山水，过去只是听说得多、实地踏看得少，这次回来，也好借这个机会到处走走，转转。

这天，李秀文正想带儿子到处去逛逛。刚走出大门，迎面走来了一位省政府的官员，说是中午黄省长要宴请。李秀文无法推辞，只好说到时自行走去，不用省府派车来。

因为桂林城实在太小了。

上午，母子俩逛完街后，溜达着便往省政府去了。

从十字街往南，过阳桥，再向右沿榕湖边走一小段路就到了。

刚走到大门口，警卫一个"立正"，冷不防地让李秀文愣了一下。"报告，您就是李夫人吧，我们省长在里头恭候你们呢。"

李秀文不敢怠慢，领着李幼邻急匆匆而去。没走多远，黄旭初省长就站在楼下向他们打招呼了。

李幼邻一看，这是一个活脱脱的教书先生啊，怎么看也不像堂堂一省之长，他差点笑出声来。

"黄省长好！"李秀文说。

黄旭初赶紧道："嫂子，你这样叫我真是折杀我啊，你叫我名字就可以了，我的这条命还是德公帮我捡回来的。"

午餐安排在政府大院的小宴会厅里，人不多，菜却很精美地道，全是桂林特色菜，一碗香喷喷的荔浦芋头蒸扣肉，一碟用红辣椒炒酸菜的小干鱼，还有一盘用桂林特产荸荠炒的素菜，真让李幼邻大饱口福。

"嫂子从广州回来路上还顺利吧？"黄旭初问。

李秀文说："本来这个暑假不准备回桂林的，只是儿子一个劲地嚷着要回来，最后他爸爸才同意的。"

"我在桂林这里，嫂子你还客气什么，你什么时候回来我都欢迎。"

"你事情很多，现在广西的情况我也略知一二，我们怎么好随便就来麻烦省长呢？"

黄旭初说："事情多是个事实，但总不至于连接待嫂子的时间都没有。"

李秀文说："黄省长的心意，我们母子心领了。"

的确，这个时期对桂系来说，是一个严峻的关头，中原大战惨败，桂系首脑离心，外部环境也极为恶劣。除了前头所讲的粤军仍占领着广西部分地盘和云南的部队直逼南宁外，左右江工农运动如火如荼，桂东北地区的瑶民也在不断聚众闹事，直让桂系的首脑们挠头……

为稳固自己的统治地位，桂系在无力对外的情况下，这两年拼命"围剿"左右江革命根据地，并着手广西的各项建设。

看着李幼邻吃得津津有味，黄旭初忍不住笑了："我说你这个小鬼，好像好久都没有吃到这样可口的饭菜了。不过，你放心吃，叔叔这里有你吃的。"

他这一说，倒把李幼邻说得不好意思起来。

李秀文说："在广州成天都是那样一个口味，如今变换了花样，小孩子图新鲜就是了。"

席间，黄旭初问了一下李幼邻的学习情况后，这餐午宴就结束了。

黄旭初非要派车送他们回去，李秀文说是要在榕湖边走一走，省长也只好请其自便了。

"妈妈，这位叔叔真的就是我们广西的省长？"一出大门，李幼邻就迫不及待地问了。

"你这个傻孩子，他怎么不是我们广西的省长呢？"

"我看不像。"

"那你说他像什么？"

李幼邻想了想，凑到他妈妈耳边说："我觉得他更像一个教书先生。"

"傻孩子，你不懂看人，他和你爸爸是同学，后来还上了北京读书，毕业后又去日本留学。人家肚子里尽是墨水，可不能小看人家，人家学问大着呢。"

李幼邻说，打这以后，他每年暑假都回到桂林，每次回来这位黄叔叔都盛情款待。而且正如他妈妈说得那样，黄叔叔满肚墨水，满腹经纶，且和蔼可亲，慈祥善良……

我们知道，黄旭初是在桂系低谷时进入首脑序列的，当时蒋桂之间、粤桂之间以及国内各种政治力量都呈现出错综复杂的局面。1930年夏天，桂系兵败中原，退回广西后只剩下16个团的兵力，外有湘、粤、滇三省军事力量挤压。1931年两广由兵戎相见变成携手反蒋，后广州国民政府取消而变为西南最高行政领导机关。1932年1月1日宁粤表面合作，然而却出现两广割据达五年之久、与南京国民政府分庭抗礼的局面。1934年红军突围北上路过广西，蒋介石命桂系"围歼"红军于湘江，并想最后一举解决桂系。1936年两广事变爆发，无路可走的桂系准备与蒋决一死战，到了最后，蒋桂又实行了妥协。

这一个个生死攸关的时刻，这一桩桩记载于史的事件，作为桂系首脑之一的黄旭初，无不参与其中。尤其在大政方针既定之后，在"李白"主外的情况下，黄旭初殚精竭虑，主政广西，把广西打造成名噪一时的模范省。他们实行"三自"（自治、自卫、自给）和"三寓"（寓兵于团、寓将于学、寓征于募）的政策，不仅为桂系奠定了比较厚实的政治、经济基础，也给"李白"驰骋当时中国舞台，创造了无后顾之忧的客观环境。李宗仁也很感谢他的这位同窗，正如他在回忆录中所说，"嗣后我军竟能戡平八桂，问鼎中原，渠早年主持戎幕，为本军打下良好基础之功，实不可没"。（《李宗仁回忆录》第178页）

正是由于"李白"信任黄旭初，而黄旭初得知遇之恩也不敢有丝毫松懈与怠慢。

然而，在国民政府大厦整个即将坍塌的时刻，桂系将领们谁也无法改变这个失败的命运。1949 年 4 月，国共和谈已经破裂，解放军渡江在即，尽管白崇禧在此时仍摆出一决雌雄的决心，但国民党在整个战场上已经没有任何可以称雄的资本了，国共的力量已经出现了根本的逆转，谁也无力回天了。23 日，李宗仁颓唐地从南京回桂林，但桂林机场却发生怠工事件，李宗仁只好到柳州降落。后来，黄旭初赶紧采取措施，中午才让李宗仁回到桂林来。

在大陆最后的岁月里，桂系首脑"李、白、黄"齐集桂林。

此时此刻的李宗仁，也曾为桂系民主派李任仁等与共产党重开和谈的建议所动，但在白崇禧以及其他一些军事死硬派"宁为玉碎，不为瓦全"的理念下，李宗仁仍是左右摇摆，未能做出识时务的选择与决定，最终失去了与共产党和谈的机会，也最终导致了桂系的彻底覆灭。

这一年的 12 月 2 日，李宗仁只能可怜兮兮地指示老朋友黄旭初，从广西财政那里取出一笔外汇，从此踏上流亡的道路。

白崇禧在江山丧失殆尽的情况下，仍幻想以西南一隅与共军周旋，最后抵挡不住蒋介石的诱惑，跑到台湾去了。

而黄旭初本人，中华人民共和国成立后寓居日本、中国香港。

## 李公子和蒋公子

蒋介石与李宗仁，前者为兄，后者为弟；前者为国民政府总统，后者为副总统；前者为中共宣布的头号战犯，后者为二号战犯。他们都有后代，然而他们后代的命运却是有着天与地的区别。

蒋介石有子蒋经国、蒋纬国。尽管蒋纬国究竟是蒋介石之子还是戴季陶之子仍是个谜，甚至还有说蒋经国也非蒋介石所生，因为据有关资料说，蒋介石四五岁时就已失去了生育能力（从蒋的几位夫人都未能生育中或许可以证明）。但是，蒋经国、蒋纬国兄弟在蒋介石的栽培下，以后都成了中国政坛中的风云人物。

李幼邻与同一时期的蒋氏兄弟相比，他似乎就像那黯淡、混沌的小星星。

不过，李幼邻对此不以为然。

他认为，大路朝天，各走一边。首先，他自己对求仕毫无兴趣，甚至对国内那种腐败的官场，表现出一种强烈的反感。其次，从 1937 年出国到 1947 年回国，他在美国整整 10 年，在那里接受了美国式的大学教育，且又成了家。等到 1947 年回国，他所看到的是饱受战争折磨的苦难中国，看到的是国民党内部尔虞我诈的现实，尤其是他父亲坐在火山口上那种难受的情景，所以他终生不仕。还有，国民党退守台湾后，他父亲没有去台湾，而是流亡海外，成了国民党的另类。这样，他也就永远失去了求仕的机会与条件。

1948 年秋，东北战事正酣，尽管蒋介石三飞沈阳坐镇指挥，但失败的命运始终笼罩在国民党的头上。此时，回国已一年多的李幼邻，基于种种考虑准备移居香港了。

一天清早，天刚蒙蒙亮，家里的电话铃响了起来。

"早上好！哪位？"李幼邻拿起话筒一听，"哦，韦兄，是你啊！"

这个韦兄便是韦永成。

韦永成是李幼邻三婶的堂弟，也是蒋委员长的亲侄女婿。

说来也真是富于戏剧性，蒋桂双方你死我活地斗了几十年，没想到却结下这门亲事。

原来，蒋委员长的亲侄女蒋华秀与韦永成同在德国留学。

他乡旅，同窗情；

比翼鸟，觅知音。

在异国他乡这个特殊的环境里，这对年轻人不顾一切地相爱了。

尽管蒋父不愿自家千金嫁给这位广西佬。但蒋小姐情有独钟，非韦不嫁。最后，蒋小姐竟然千里迢迢，冒险穿越敌占区，潜入安徽，与此时在安徽省政府当厅长的意中人结婚。

有情人终成眷属。

于是，蒋桂之间也就有了这样一门亲戚。

"幼邻兄，今天有何安排？"韦永成问李幼邻。

"没有。"

"啊？没有吗？是这样的，昨晚我去了纬国兄家。纬国兄知道你也在上海，他主动提出来想请你到他家叙一叙，如何？"

"纬国兄？"李幼邻一般不愿与达官贵人打交道，但得知蒋纬国先生已经主动发出邀请，不去恐面子上过不去。再说，往深处考虑，上头还有着总统与副总统那一层关系。于是，他随即在电话里就答应了。

当他俩到达蒋纬国家时，蒋的母亲（当然不是宋美龄）与太太石静宜诸人正在摆方城，蒋纬国在一旁观看。

蒋纬国热情地招呼着他们，把他们引到了书房。

没有多少寒暄，几位年轻人就转入了正题。他们谈时局，谈战事，也谈国共和谈……

"幼邻弟，你认为时局将会如何发展？"蒋纬国直截了当地问。

"我认为时局的发展对我会越来越不利。"李幼邻也直言直语。

"我们有美国援助，我们的武器比共军精良，我们的坦克可以横冲直撞。"蒋纬国充满着自信。

李幼邻笑了笑才说："纬国兄，你说得这些都是事实。但是我们也不能不顾另外一个事实，那就是我们的军队在前方吃了败仗。想必纬国兄也知道了，我们已经失去东北了，这恐怕不是武器的问题，而是一个军心和民心的问题。"

"军心和民心？这怎么说呢？"蒋纬国似乎有点不解。

都在传言蒋介石喜欢直接遥控部队，随意发号施令，弄得部队无所适从，故屡屡战败。李幼邻不好当面捅破这层纸，只好说：

"纬国兄，我在美国时就听说我们中国的军队，外战外行，内战内行。另外，在我们军队里，听说派系林立，山头很严重，还有嫡庶之分。所以，每当大敌当前，谁都先敲打着自己的小算盘，谁都是千方百计在保存着自己的实力，有多少人能在战场上真正去冲锋陷阵？"

蒋纬国不语。

看到蒋纬国没什么表现，李幼邻赶紧说："纬国兄，我是否说多了，说过了？"

"哪里，哪里。幼邻弟，你说得很对，我正洗耳恭听呢。我们兄弟俩，放开聊就是了。"蒋纬国一边给李幼邻和韦永成续茶，一边说。

"纬国兄，那我就不客气了。"李幼邻接着说："我回国一年多，看到了社会中形形色色的东西，很多东西是让西方人不可理解的。作为一个国家，成天在打仗而不是去发展生产，不去搞建设，社会怎么会稳定，老百姓又怎么会听从政府的，所以人心都跟着共产党走了。"

蒋纬国说："幼邻弟，你说的这些我也并非一点都不知道，老百姓确实很苦。就说上海吧，物价飞涨，通货膨胀，人心浮动啊。另外，黑势力横行，百姓提心吊胆地过日子。但是，共产党也没让国民党好过啊。"

"也许这就是主义之争带来的后果吧！"李幼邻虽身居海外，但他无不关切着国内的大事，国共两党斗争的风向标，国民党官场的腐败，国内时局的发展，屡屡见诸海外报端。所以，他对国内形势的看法还是比较清醒的，既客观又悲观。

而蒋纬国当然有所不同。

从德国学完军事回国后，他当时正在装甲部队任职，踌躇满志，春风得意。他对时局充满信心，对国民党军队的实力也表示乐观。

但实际上没过多久，从1948年11月6日淮海战役开始到1949年1月9日结束，共产党就以60万"土八路"的军队，战胜了武器精良的80万国民党军队而载入史册。当然，蒋纬国的装甲部队也在淮海战役中失败了，听说是蒋介石派飞机把他从重围中接走的。

我们不妨看看另外一位被打败的将军是如何总结这场战役的。

杜聿明将军在其回忆录中是这样说的：

"加之蒋介石的个人独裁指挥，不论大小情况的分析、大小部队的调动，都要通过蒋的决定指示。而蒋本人又不能集中精力掌握全盘情况，每日仅凭所谓'官邸汇报'一次来决定指挥部署，或凭他本人'灵机'一动，乱下手谕。因之一切指挥到前方，不是过时失策，即是主观武断。前方部队长不遵从，即有违命之罪；遵从则自投罗网。

最后则是蒋介石集团中封建派系关系互相掣肘，也是决定蒋军命运原因之一。任何一个情况出现，都是只顾集团不顾整体，只想救自己，不顾全局。结果每一战役都是因小失大，决策一再变更。这种矛盾斗争贯穿蒋军作战全部过程，加速了蒋军的灭亡，同时也大大缩短了解放战争的过程。"

（《中华文史资料文库》第七册中国文史出版社 1996 年版）

这次蒋纬国主动约见李幼邻，给李幼邻留下极为深刻的印象。

李幼邻说："纬国兄比我年长两三岁，待我相当热情，他还说要为我举办舞会，我婉辞以谢。纬国兄当时给我的印象是比较民主，不摆派头，不拿架子，待人相当热情大方，非常开朗，而不像我接触的另一个叫作竺培风的人，他是蒋委员长的外甥。那时，我与竺培风同住芝加哥国际学生宿舍，接触了一个多月，总觉得他神秘兮兮的，而不像纬国兄那样平易近人和豁达开朗。"

李幼邻还说："蒋纬国的夫人石静宜到台湾后，倚仗蒋家的权势，利用采购物资从中渔利被查处。蒋介石极为气愤，发问跪在地下的儿媳妇。她不说是，也不说否。于是，蒋介石给了她三件东西：毒药、绳子和手枪，令其自戕。"

而实际上，有关蒋纬国夫人之死的种种说法，至今都没有一个确切的定论。

1944 年，蒋纬国娶西北纺织大亨石凤翔之女石静宜为妻。抵台后不久，石静宜一命归西，主要有两种传闻：

一是死于分娩。因她的预产期竟与爷爷蒋"总统"的生日相同，在医院保胎、催生过程中，竟神秘死去。

二是死于自杀。传说她利用蒋纬国掌管装甲兵采购物资的便利，由宋美龄牵线，转账300万元，从香港进货渔利。事发后，尽管此事最先是由"一号夫人"宋美龄牵线，但宋美龄威严，当然动不得。而替死鬼石静宜，因留下借款签字条，而她又生性倔强，既要面子，又不去乞求。加上那时蒋纬国又在美国，鞭长莫及，她只好服毒自尽。

不管是死于分娩，还是自杀，都告诉世人这样一个事实：不幸活在权谋之中，不知何时就会死于非命。当年的章亚若不也是为蒋家生下孪生子后，突然在桂林"病逝"吗?

# 第八章　他对父亲说："你斗不过蒋介石！"

## 艰难的失败者

飞机穿越在太平洋上空……

这一天是 1949 年 12 月 8 日。

从这一天起，曾经作为国民政府"代总统"的李宗仁，从此踏上了流亡的道路。

李幼邻陪着父亲同机前往。

1949 年，代表中国两种命运、两种前途的两种政治力量，经过反复地、你死我活地角逐较量后，统治中国二十多年的国民党政权，顷刻间在大陆土崩瓦解。

12 月 8 日，也就在李宗仁前往美国的同一天，国民党"政府"也无可奈何地从大陆迁往台湾去了。

10 日，在解放军进军大西南的隆隆炮声中，时在四川成都的蒋介石获得情报说，云南的卢汉拟将起义。这位统治中国二十几年的枭雄，终于预感到形势的险恶，于是急忙飞往了台湾，从此身老孤岛。

25 日，蒋介石在台湾日月潭碧涵楼这样写道：

"过去一年，党务、政治、经济、军事、外交、教育彻底失败而绝望矣。"

如果说1949年对蒋介石来说，是一场噩梦的话，那么，1949年对李宗仁来说，同样也是一个难堪、痛苦和狼狈的年头。

1月21日，国民党中央常务委员会召开临时会议，蒋介石在会上宣布下野。其实，蒋介石内心揣测，1950年将会发生世界大战。先把李宗仁推到前台再说，一则可以利用桂系所控制的军事力量与共产党继续周旋，以做最后的拼搏；二则可以利用与共产党和谈的机会，给撤离大陆、退守台湾造成一个缓冲环境，从而赢得时间。不管是一个什么结局，他老蒋都可以伺机而动，游刃有余。只要国民党还在，就不怕桂系不听使唤。

蒋介石虽然宣布"下野"，但这位"下野"的总统，在他宣布"下野"后的第四天，就在他祖籍浙江奉化溪口架起了电台，仍对残存的半壁江山发号施令。而作为"代总统"的李宗仁，却如形同虚设的傀儡。他的和谈计划、人事任命以及军事部署等等，无不受到蒋介石的掣肘。

退守台湾是蒋介石深思熟虑的举措，当蒋介石突然任命在东北吃败仗的陈诚担任台湾省主席时，在南京总统府主政的"李代总统"以及行政院长竟浑然不知。

与此同时，蒋介石密令将国库所存的全部美元、黄金运往台湾。计有：

金钞3.55亿美元、黄金390万盎司、外汇7000万美元，还有价值7000万美元的金银。

这样一来，弄得"李代总统"这个当家人囊中羞涩，一切军政开支，无从着落。甚至李宗仁曾想发给首都卫戍部队每人一块银圆，可政府连这点资金都拿不出。

此外，蒋介石还在幕后策划和操纵孙科于2月4日将行政院迁往广州，造成政府与行政院的分离。

更让李宗仁难堪的是，在他眼皮底下的浙江省政府主席，从撤职到被捕，他竟一无所知。

当解放大军千帆竞发、准备过江的紧要关头，李宗仁、白崇禧仍拒绝与共产党和平谈判。在这危难时刻，蒋介石仍不希望"李白"能在危急困境中得救。他釜底抽薪，调走胡琏和宋希濂的部队，破坏了"李白"的部署。

当李宗仁消极待职、回到桂林时，蒋介石又托居正、阎锡山、李文范三位国民党的元老，带信来桂林劝驾，说只要李宗仁到广州，一切军、政、财权归李掌管，钱、人、军队都有。

但李宗仁又一次中圈套。

"双十节"后，李宗仁从广州飞回广西，第二天又飞往重庆。此时，蒋介石急于登台，朱家骅、张群、吴忠信等要员，走马灯似的劝李宗仁退位。

难怪李宗仁无可奈何地感慨："我这个'代总统'是代而不理，而蒋先生却是退而不休啊！"

一国三公，政出各门，焉有不败之理。

几十年与蒋介石合作的惨痛教训，李宗仁到此时才深深感到：自己与蒋介石不是一条道上的人。

经过了深思熟虑之后，李宗仁毅然地离开了重庆。从这一刻起，表示他与蒋介石彻底决裂了。

1949 年 11 月 3 日，他带着时任"内政部长"的李汉魂"出巡"云南昆明，尔后回到桂林，再转南宁。11 月 20 日，李宗仁由南宁飞香港，住进了太和医院。12 月 8 日，他乘坐泛美航空公司的飞机飞往美国就医。

他在回忆录中这样写道：

"胃出血为我家庭中的凤疾，先母、先叔均以此疾逝世，今我又重罹斯疾，不觉心悸。窃思国事至此，我回天无力；我纵不顾个人的健康留于国内，亦属于世无补。一旦国亡身死，此中牺牲实轻于鸿毛，倒不如先行医治凤疾，如留得一命，则将来未始没有为国效死的机会。因此我决定赴美就医。"

（《李宗仁回忆录》第 1026 页广西政协文史委员会）

香港的冬天并不怎么寒冷，但 1949 年香港的冬天却是非常的不平静。

南京国民政府被推翻，中华人民共和国成立。

共产党在军事上风卷残云般由北向南席卷而来，国民党的军队真应了"兵败如山倒"那句话。来得及的，跑到台湾去了。而那些散兵游勇，有的做猢狲散四处逃窜去了，有些则潜入深山当了土匪。

国民政府在大陆的政权倒台了，李幼邻不由得为父亲的命运担忧起来。一方面，在国民党那头，蒋介石仍以党的总裁行使着权力，并且咄咄逼人地要李宗仁随时交出"总统"大印。另一方面，他父亲是共产党公布战犯名单中的二号人物啊，共产党那头也不可能宽恕他。

在这乱世里，只要人平安，就是莫大的福气了。1949 年 11 月 20 日，当李幼邻得知父亲也来到香港后，那颗悬着的心才稍稍放了下来。当晚，他与母亲急急去了医院，看到父亲颓废的神情和被病魔折磨的身子，母子俩心里都非常难过。

回到家里后，李秀文把李幼邻叫到身边，说：

"儿子啊！今天你也看到你爸爸了，他现在这个情况，你是不是先陪他去一趟美国，我看还是你爸爸治病要紧。"

"妈妈，你放心，我会考虑的。"李幼邻说，"只是我走后，怕你生活不方便。再说，珍妮也快生产了，我有些放心不下。"

"你爸爸的身体要紧，我会照顾好自己的。至于珍妮生小孩，有我在，你尽管放心就是了。"李秀文非常明确地表明了自己的态度。

从某种意义上说，尽管李宗仁这辈子负了李秀文，但当李秀文一看到李宗仁这副穷途末路的落魄相，多少怨气顿时烟消云散了。

这也许就是中国传统女性的博大胸怀吧。

李幼邻默默地坐在父亲的后排座上，密切注意着父亲的一举一动。望着心力交瘁的父亲，李幼邻心里隐隐作痛。他有将近一年的时间没见到父亲了，他似乎觉得这位曾使日寇闻风丧胆的赫赫战将一下子苍老了，憔悴了。

记得上次他携妻儿刚回国时，父亲时任北平行营主任，到处飘扬的还是青天白日旗。但转眼间，狂风席卷，地覆天翻。在这个特殊的历史时期，是历史把父亲推到了国民政府副总统、代总统的位置上。军事的失利，政治的打击，政权的旁落，作为这个特殊时期的"大王"，心里该是何等滋味？

尽管李幼邻对政治一向不感兴趣，但他心里清楚：国民党失败了，蒋介石失败了，他父亲也失败了。

此刻，他只是希望父亲能安安稳稳地睡上一觉。

因为他真真切切地感到，在官场上、战场上鏖战了几十年的"李猛子"再也不猛了。在儿子的心目中，过去不管情况再危急，环境再恶劣，困难再大，都未能让父亲如此颓丧、如此消沉、如此痛苦。如今，父亲真的如同霜打的叶子——蔫了。

一个政权垮台了，一个时代结束了，作为这个特殊时期的"代总统"，无可奈何地踏上了茫茫天涯路。

李宗仁闭着眼睛，一言不发，静静地在机舱里坐着，而思想却如飞机下面的太平洋波涛，在翻滚、在奔腾、在咆哮。

他在回忆往事，他在总结过去，他更在反省一切。但这又有什么用呢？现实就是现实，一切都已经不可挽回了。

他喟然长叹：天意啊！

飞机钻入了厚厚的云层，剧烈地颠簸了起来，李宗仁的额头上渗出了冷汗。

看到父亲长吁短叹和不自然的神情，李幼邻凑上前去，用桂林话小声说着："爸爸，你还是安静地休息一下，到美国还有很长的一段时间。"

李宗仁无言。

然而，此时此刻李宗仁的思想却如高速行进的列车，风驰电掣，不可阻挡。有时，他觉得自己的头脑像一个乱七八糟的仓库；有时，他的脑海里竟然一片空白，什么也没有，什么也想不起来。

"爸爸，你该吃药了。"李幼邻又把开水和几片药递到父亲跟前。

李宗仁还是没吱声，吃完药后，便一头靠在座位上了。整个行程，李宗仁几乎没睁开过眼睛，嘴巴也不想动。

李幼邻心里虽很着急，但他也不想在这个时候与父亲多说些什么。他时不时地瞅着身心极度疲惫的父亲，只见父亲默默地斜靠在座位上，矮小的身子一直缩在那件军大衣里面，他从心里突然可怜父亲了。

看到李宗仁疲惫、颓废的神情，大家的心里都不好受。

飞机在下降，机舱里的广播响起来了。李幼邻提醒着父亲，纽约机场就要到了。

这时的李宗仁，陡然打起了精神。他喝了几口水，又整理了一下衣着，又神采奕奕地出现在大家面前。

刚才还是一副没精打采的样子，如今却像变了一个人。李幼邻心里嘀咕着：父亲活得多累啊！

飞机终于降落了，欢迎者甚众。尽管是落魄出走，但他毕竟是"国民政府"的"代总统"。他与蒋介石还没有到最后摊牌的地步，台湾的国民党"政府"与美国还有"外交"关系，所以美国国务院派专员到机场迎接，"国民政府驻美大使"顾维钧以及"驻联合国首席代表"蒋廷黻也来了。

政界要人，社会名流，新闻记者；欢迎的口号，挥舞的小旗，还有那猩红色的地毯，场面热闹而隆重。

李幼邻对这种场合感到很窘迫，走下舷梯后，他独自悄悄从边上走开了。

几十年来，李宗仁久历戎行，纵横捭阖，父子间很少有机会交流接触，没想到到美国后，李幼邻侍奉左右，他们父子间才有了进一步的了解和理解。

李幼邻说："我的父亲是一个失败者。"

1963 年，李宗仁也曾这样对《欧洲周报》的记者奥古斯托·玛赛丽说过：

"像蒋介石和国民党一样，是一个失败者。唯一的区别是，我完全不把这件事放在心上。作为我个人来说，我自己无关紧要，我不能妨碍中国的前途和它的进步。我由于自己的失败而高兴，因为从我的错误中一个新中国正在诞生。"

（《欧洲周报》1963 年 7 月 14 日）

《李宗仁回忆录》的作者唐德刚先生是这样评价李宗仁的：

"那'十年浩劫'之前的'中国'……也使老华侨李宗仁感到骄傲。想想祖国在他自己统治下的糜烂和孱弱，再看看中共今日的声势，李宗仁'服输了'。在 1949 年的桂林，他没有服输，因为他是个政治欲极盛的'李代总统'；1965 年他服输了，因为他是个炉火纯青的老华侨'。"

（台湾《传记文学》第四十七卷第五期第 29 页）

"李宗仁一生显赫，他原是一位不甘寂寞的人物；生性又十分好客而健谈。不幸一旦失权失势、流落异邦，变成个左右为难、满身是非的政治难民，不数年便亲故交疏，门可罗雀……像李宗仁那样两头不讨好的是非人物，那时的中国寓公们和左右两派的华侨，都是不愿接近的。"

（台湾《传记文学》第四十七卷第四期第 35 页）

李幼邻觉得，作为一个政治家，应该审时度势，把握全局，尤其处在历史的转折关头，更应该有高瞻远瞩的气魄和果敢刚毅的气概。而 1949 年，他父亲却没有从混沌中走出来，最终导致了他终生的一个莫大遗憾。

众所周知，蒋介石年初宣布"下野"后，李宗仁出任代总统。其时，共产党已经完成了辽沈战役和淮海战役，国民党在军事上已明显地处于劣势。李宗仁、白崇禧等虽然坚持与共产党和谈，但"划江而治"不仅是蒋介石提出的底线，也是"李白"一味坚持的态度。

但是，他们完全忘记了一条，已经在战场上取得主动权的共产党，是不可能听任摆布的。况且，共产党已经明确表态了，不管国民党签不签和谈协议，解放军都要过江。"打过长江去，解放全中国"正成为解放军全体指战员的响亮口号。但是，李宗仁和桂系首脑们都没有清醒地判断形势已经出现了根本的逆转，仍坚持与共产党讨价还价，因而一再失去和谈的机会。

在解放大军即将过江前夕，桂系首脑们聚集在南京傅厚岗的李宗仁官邸。黄绍竑列举和议好处，并严肃指出，桂系与蒋决裂是必要的，因为蒋可以依靠台湾再图发展，而桂系则没有这种条件，事到如今应谋自全之道。

但黄绍竑的意见遭到白崇禧强烈的反对，两人几乎都有点失态地翻了脸。此时，"李白"仍幻想能依靠桂系掌握的几十万军队，抗拒解放军过江，仍固守着"划江而治"的理念。殊不知，在战场上失去主动的人，已经不可能在谈判桌上得到好处了。

当青天白日旗从南京总统府降落、李宗仁回到秋风萧瑟的桂林时，以李任仁等为首的桂系民主派，仍希望李宗仁在最后时刻与共产党谈判。

李宗仁虽心有所动，但在白崇禧、夏威、李品仙等桂系主战派的高压下，和谈的大门终于彻底关上了。

这样，李宗仁、白崇禧、黄旭初等桂系首脑们，最后都无可奈何地同"蒋家王朝"同归于尽了。直到1949年年底，随着桂系的老底子在湖南的衡宝战役中被彻底消灭，国民党桂系也从此退出了中国历史舞台。

所以，李宗仁1965年7月20日回国在首都机场发表声明时说："1949年我未能接受和谈协议，至今犹感愧疚。"

桂林市李宗仁纪念馆

其实，只要我们客观地看待一个历史人物，同样可以发现，像李宗仁这样一个失败者，其一生也曾拥有过辉煌的经历，拥有过熠熠生辉的历史。

如同唐德刚先生所说的那样，李宗仁是民国旗帜下佼佼不群的英雄，他的许多事迹，完全可以彪炳史册。

李幼邻认为，他父亲出师北伐、抗战御敌、晚年回归祖国，这是他父亲一生中留下的铿锵有力的脚步声。

他毕竟走对了三步棋。

为祖国、为民族做过好事的人，人民是不会忘记的。

1991 年 8 月 13 日，是李宗仁先生诞辰一百周年纪念日，广西壮族自治区政协在桂林举办了隆重的纪念会。

全国政协副主席洪学智、程思远，中共中央统战部副部长宋堃，中顾委委员罗青长、覃应机，全国政协常委黄启汉以及广西、桂林市有关领导出席了纪念会。

罗青长还受邓颖超大姐的委托，对这次纪念会表示祝贺。

湖北省老河口市政协和市委统战部的领导，千里迢迢专程来桂参加这次纪念会。

会上，全国政协副主席洪学智代表中国人民政治协商会议全国委员会讲话。

他说：

"李宗仁先生一生，青春戎马，晚节黄花。他在北伐战争、抗日战争中指挥作战，立下了战功；他主张和平统一祖国，晚年从万里海外回国定居，这是值得人民称赞和纪念的。"

（《广西政协报》1991 年 8 月 22 日一版）

我们不妨通过李幼邻的回忆，再回过头来看一看李宗仁在中国现代史上留下的印迹：

——我的整个青少年时代，都是在动荡不安的环境中度过。在我六七岁的时候，我父亲率领第七军参加北伐，攻克长沙，直捣武汉，进攻江西，占领安庆，与其他友军一道，打败了吴佩孚、孙传芳等北洋军阀。我父亲在战争中指挥有方，功不可没，北伐史上留下浓浓的一笔。

——抗日战争时期，我父亲任第五战区司令长官。在外族入侵、日寇铁蹄蹂躏中华大地的严重时刻，他率部御敌抗战，取得了台儿庄战役的伟大胜利，毙伤敌军一万余人，在我国的抗日战争史上写下了辉煌的一页。在驻防湖北老河口期间，我父亲把别人不想要的杂牌军，团结在自己的麾下，沉重地打击了敌人，保护了一方水土与人民。

——我父亲一贯认为，台湾自古以来就是我国的神圣领土。1955 年，他在美国公开提出了对台湾问题的具体建议。他反对"联合国临时托管"，反对台湾"独立"；他建议国共两党再度和谈，中国问题不用外来势力插手，表明他和平统一祖国的立场。所以，1965年7月，他从海外归来时，在回答记者提问是什么主义时，我父亲非常明确回答自己是"爱国主义"。

李幼邻说："父亲作为一个政治家，在他人生最后的岁月里，能够辨明时局，顺应潮流，回到自己祖国的怀抱，迈出辉煌的一步，确是难能可贵的。"1969年1月，我父亲临终前，写信给毛泽东主席和周恩来总理。信中说：

"我在1965年从海外回到祖国所走的这一条路是走对了的……在我快要离开人世的最后一刻，我还深以留在台湾和海外的国民党人和一切爱国的知识分子的前途为念。他们目前只有一条出路，就是同我一样回到祖国怀抱。"

所以，周恩来总理称李宗仁的这封信，是一个历史文件。

1991年，李幼邻应邀专程从美国回来，参加李宗仁诞辰一百周年纪念会。

他认为，这次纪念会不仅是对他父亲一生客观的评价，更是体现了中国共产党人宽广而博大的胸怀。他在纪念会上发言说：

"先父四十二年前出走美国，过了十五年的异乡生活。在那时候，我侍奉左右，常听父亲说，不该拒绝接受1949年国共和谈达成的'国内和平协定'，追悔莫及，他时常想念祖国，听说新中国在共产党和毛主席领导下，经济建设、科学文化突飞猛进，他表现十分高兴；看到独立、自主的中国，国际地位日高，他更加喜形于色。他曾对我说，他失败了，但换来了新中国的强大，个人得失算什么呢！他很想落叶归根，回归祖国，安度晚年。1965年7月，终于实现了他的愿望，回到了北京，受到了党和人民政府的欢迎，并在生活上给予优越的照顾，使他晚年有所归宿，他感激不尽。他写信告诉我，'百闻不如一见'。他亲自在东北和广西看到的巨大变化，非常感动。

　　近二十年来，中国实行改革开放政策，国民经济的发展，国家实力的增强，不知胜过六十年代多少倍。若先父还在世，他一定会更加赞佩不已。不幸他于 1969 年 1 月病故。"

（《广西政协报》1991 年 8 月 22 日第二版）

　　国共角逐，政权更替。

　　李幼邻对这种改朝换代的变迁，并没有感到五雷轰顶，他平静、客观甚至是无所谓地面对着这个事实。

　　因为他认为，任何历史的发展与变迁，都有其必然性。在他的心目中，国民党的统治就像一坨烂泥，扶不上墙壁。由于它自身的腐败与体制的局限，它失去了道义，它已失去了民心，它根本无力引导中国摆脱贫困和落后。因而，能够统治中国和把中国引向前进的，必然是另一种具有生命力的政治力量。

　　李幼邻说，也是历史把他父亲推上了国民政府权力的巅峰，成了那个时期的"国家元首"，但那是一个没落的朝代，是一个处于历史转折时期的朝代。角力的双方，一方是空前团结、立志夺权的在野力量，另一方则处在你争我夺、分崩离析的状态，其结果当然是不言而喻了。

　　此外，在李幼邻几十年的人生生涯中，除了听他父亲的介绍，他还看了大量的民国历史，也了解了不少海外传闻，更通过自己的思索与判断，他非常清醒地看到，在中国这个政治舞台上，他父亲永远都不是蒋介石的对手。

　　李幼邻认为，他父亲与蒋介石，在中国近代史上都不是等闲之辈，他俩在各个历史时期都扮演着重要角色：

　　北伐之初，蒋介石任北伐军总司令兼第一军军长，李宗仁任第七军军长。

　　北伐至长沙时，蒋介石主动换帖，金兰结义。蒋介石为兄，李宗仁为弟。

　　十年内战中，蒋桂之间有合作，有利益共同点，但始终存在着你死我活的争斗。

四十年代末，蒋介石为国民政府总统，李宗仁为副总统；蒋"下野"后，李为代总统。

在中共公布的战犯名单中，蒋介石为第一，李宗仁居第二。

这对滑稽的结拜兄弟，给人的印象是一前一后，形影不离。然而，他们之间却横亘着一条不可逾越的鸿沟。

李宗仁觉得与蒋介石同甘苦难，同患难也难。

蒋介石则认为，共产党只要他的命，而桂系则不然，性命、军队、金钱通通都要……

蒋、李几十年合作，几十年争斗，到头来摆在李宗仁面前的，却是一个严酷无情而又无法选择的现实：大陆待不得，台湾去不得，一代风云人物转眼间沦为他乡客而寄人篱下。

几十年戎马倥偬，宦海浮沉，没想到最终竟落得如此下场。如此巨大的反差，让李宗仁怎能平静下来呢？

在美国时，李幼邻曾非常具体地问过父亲，跟蒋介石先生合作、共事了几十年，对其究竟评价如何。

李宗仁拉开了话匣子，侃侃而谈——

早在北伐时期，蒋介石利用北伐军总司令和黄埔军校校长的职位，独揽大权，赏罚不公，包庇、重用、提拔嫡系，而冷落功勋卓著的第四军和第七军，从此埋下了蒋桂矛盾的种子。

到了北伐后期，桂系急剧发展。1927 年 4 月，蒋介石在南京建立国民政府时，桂系势力已成为在南京政府中敢于同蒋介石抗衡的力量。当得知蒋介石要削弱和消灭桂系时，蒋桂之间的矛盾必然激化。这一年的 8 月，蒋介石无端地处决了李宗仁的部属王天培。不久后，便发生了桂系"逼宫"和蒋介石第一次"下野"的事件。这时，蒋桂矛盾已呈白热化。

1929 年 1 月，蒋介石主持全国编遣会议未能达到"削藩"的目的后，又策划了"联唐(唐生智)倒白(白崇禧)"的军事阴谋,并欲置白崇禧于死地。此时,蒋桂矛盾已发展到你死我活的地步。于是乎,3月29日蒋介石亲自赴前线指挥对桂系作战,蒋桂战争终于爆发。

是年冬,又爆发第二次蒋桂战争。

抗战一开始,李宗仁和白崇禧先后接受南京政府委任,他们分别担任第五战区司令长官和军事委员会副委员长,但蒋桂之间的矛盾并没有消除。

蒋介石一直颇具匠心地"安置"、离间桂系巨头。抗战胜利前夕,蒋介石把李宗仁从一线的第五战区司令长官的位置,调任优哉游哉的汉中行营主任。抗战胜利后,又把李宗仁放到上不着天、下不着地的北平城"吊"起来。

1948年,李宗仁拟竞选副总统,事先征得蒋介石同意后,蒋又出尔反尔,百般刁难。当李宗仁竞选副总统成功后,蒋介石则处处冷落李宗仁。在就职典礼上,蒋有意在衣着上让李宗仁难堪。更让桂系感到恼火的是,为防范"李白"合谋自己,蒋介石撤换了白崇禧的国防部长职务。

1949年初,蒋介石正式引退,李宗仁就任"代总统"。但蒋介石仍在幕后操作,根本不把李宗仁放在眼里……

蒋桂之间几十年来的矛盾、隔阂,可见一斑。

李幼邻认为,从上述的一个个事件中,毫无疑问,蒋介石一直扮演着关键角色。不论是两次蒋桂战争、中原大战,还是1936年的"两广事件",无不以蒋介石的胜利画上句号。

所以,李幼邻对父亲说:

"搞政治蒋行你不行。"


## 不沾父亲光,不说德邻儿

在探究李宗仁为什么至死也不愿到台湾去,而选择流亡的道路时,李幼邻说,他父亲不愿当张学良第二,因为他觉得蒋介石是一个心狠手辣、睚眦必报的人。

1926 年 8 月，北伐到长沙时，蒋介石主动送帖与他结拜兄弟，兰谱上写着：

谊属同志情切同胞

同心一德生死系之

兰谱署名"蒋介石"，还有"妻陈洁如"。

谁知笔墨未干，话音犹在，三年后蒋介石却发兵讨伐桂系，"生死系之"的结拜兄弟转眼间兵戎相见。

政治何曾干净过?

1942 年，全国的抗战正处于艰难困苦的时期。然而那时，广西与国民政府却正处于"蜜月时期"，蒋介石与宋美龄视察桂林后，主动提出要到广西临桂乡下去看望李宗仁的母亲，并坚持要去拜谒李宗仁父亲的墓地。

可是 6 年后，蒋介石却密令特务要刺杀担任副总统的李宗仁，随时要把李宗仁消灭在南京城。刀光剑影，千钧一发。

我们再听一听 1949 年 11 月 10 日，李宗仁对程思远的一番剖白吧：

"健生（白崇禧）的一些做法过于天真率直，他还指望同蒋介石合作，我则对蒋介石不寄予任何幻想，因我太了解他了。蒋介石对人毫无诚意，唯知玩弄权术，当他要利用你时，不惜称兄道弟，饮血为盟。一旦兽尽狗烹，就要置人于死地。记得 1928 年 9 月，蒋介石一面命健生代行总司令职权，用兵翼东，一面派刘兴（唐生智的第 36 军军长）北上夺军，授给刘的密令：'如果抓到白健生就把他杀了。'其人阴险狠毒……所以台湾我是不去的。"

李幼邻说："我父亲在美国的日子很难过，他的心情一刻也没有平静过。

他和蒋介石斗了几十年，也和共产党斗了几十年，蒋介石和共产党都成了他的死对头。不过，尽管由于政见不同、观点不同，但他对中国共产党人，还是有自己的标准和见解的。"

在美国，李宗仁不止一次地向李幼邻谈到他对毛泽东、周恩来等人的印象。李宗仁说，在国民党的二中全会上，他认识了毛泽东。毛当时任广州农民运动讲习所所长，并担任过国民党中央宣传部代理部长。他认为，毛泽东寡言少语，但说起话来一鸣惊人，他觉得这位共产党人很不平凡。果然，二十多年后他夺得了江山，创造了新的政权。他很佩服周恩来的才干，1937年在武汉东湖养伤时，他们时常见面，但只有打打招呼、握手寒暄而已。因为当时蒋介石怀疑他"亲共"，他只得谨慎行事。

历史曾把李宗仁推上巅峰，他当官想做事，也想力挽狂澜，但在错综复杂的政治旋涡中，他也时刻准备急流勇退。

李幼邻说："关于修建桂林市文明路官邸一事，1948年我父亲亲口告诉我，他准备竞选副总统，美国人支持他，蒋介石先是同意，后又不同意，闹得不亦乐乎，我父亲对蒋的这种做法当然表示了反对。后来，看到蒋介石要操纵选举，从策略上考虑，我父亲宣布退出竞选。再后来，蒋介石发表声明，并请白崇禧劝我父亲重新出来竞选，最后才平息了这场选举风波。但与此同时，我父亲也做了最坏的准备，一旦落选，就打道回府，回到桂林息影林泉。所以才在桂林修建了这座官邸，实则是为退路做准备。"

另外，李幼邻还认为他父亲不腐败。在他的父辈中，没有一个人是沾李宗仁的光而飞黄腾达的。他的母亲有个表叔，跟随着李宗仁22年，出生入死，南征北战。但他没有文化，李宗仁并没有因为他是"内亲"和在身边多年而提拔重用。李幼邻还有一位表叔，陆军大学将官班毕业后，想在李宗仁面前讨个师长当当。结果，李宗仁只派他出任师的上校参谋长。他的表叔满腹牢骚，不去上任。不少人也前来做工作，在李宗仁面前说情，但李宗仁就是不准，后来干脆让他担任一个步兵团的上校团长……

　　与其他一些达官贵人不同，李宗仁一辈子两袖清风，身上没有钱，栖身海外时还要儿子接济，这是一般人难以想象和相信的。中共打入桂系上层的谢和赓先生曾在一篇文章中说，有一次，李秀文要去香港，"李夫人要 1.5 万元港币，李公（指李宗仁）才批 1 万元。李夫人也表示不满，李公对夫人说'佩璋（白崇禧夫人）小孩多，又有病去治疗，健生（白崇禧）也是看菜吃饭的。你可问问王象明，我对幼邻的学费和生活费都是要算细账的。象明还称赞幼邻，从不因为算细账，表示不满。'"（《李宗仁轶事》漓江出版社 1994 年 4 月第一版第 151 页）由此，可以看出李宗仁对钱财的态度。

　　我们知道，李宗仁出身贫寒，他了解普通百姓的疾苦，也深谙勤俭的含义。即使后来发达，位居高官，他依然保持着一个农民的朴素本质。

　　1942 年，李宗仁的母亲去世，国民政府专门成立了治丧委员会，盛况空前。但当时国难当头，李宗仁不同意铺张办丧事。所以，他母亲只按普通百姓人家那样土葬，而且连墓碑都没有立。办完丧事后，李宗仁又匆匆上前线去了。后来，李宗仁位居副总统、"代总统"，也没有对自己母亲的墓地奢侈动工。直到 1987 年，李幼邻才把他祖母的墓地修建起来。


　　在中国近现代史上，李宗仁无疑是一个不可小觑的人物。如同台湾《传记文学》文章中所说的那样：他是一位屈指可数的政治领袖和英雄人物，他也是非凡历史的缔造者。

　　但李幼邻从不在父亲的这些耀眼光环下去沾光，去谋私利，去达到某种目的。他甚至不愿被人说是李宗仁的儿子，他觉得李宗仁就是李宗仁，他自己就是他自己。

　　1931 年，李幼邻已经从香港回到广州念初中了。一天，他父亲差人来，让他陪他父亲作一趟亲善之旅。

　　原来，当时的两广首脑们正云集广州。地缘的关系，共同的利益，使两广领导人空前地团结了起来。为了表达广西方面的热情，李宗仁邀请广东的首脑们到广西走走、看看。因梧州毗邻广东，走水路也方便，于是他们选定了梧州。

当李幼邻走上码头、踏上军舰时，才发现欢送的场面竟是那样的热烈，那样的宏大。军乐队高奏着欢乐的曲子，少年儿童簇拥着鲜花，彩旗在人们手中挥舞着，和平鸽在空中飞翔。两广的首脑们在军人们的护送下，沿西江溯水而上。

李宗仁的用意当然是非常明显的，就是希望自己的儿子多与外界沟通，多与社会名流接触，为日后闯世界打下根基。

李幼邻当然也清楚父亲的这一番苦心，但他对这种刻意安排的应酬式活动，不仅不感兴趣，甚至有些反感。那种繁缛的礼节，觥筹交错的饭局，对李幼邻来说简直就是一种折磨。

不过这次去广西梧州，宋子文、陈公博等要员对李幼邻这样的小朋友非常友好，问长问短，关怀备至，给李宗仁留足了面子，也给李幼邻留下了深刻的印象。宋子文先生还诗兴大发，举笔挥毫，给他题词留念。

后来，随着岁月的增长，李幼邻对这种官场上的应酬，越来越不感兴趣，甚至感到一种压力和负担。所以，每当他父亲让他参加这些活动时，他能推则推，能不去就尽量不去。1936年那次蒋介石的接见，开始时他也是很不情愿的，只是后来在母亲的劝说之下，他才答应前往。

因为李幼邻的人生准则是：不愿涉足官场，不愿附庸权贵，不愿仰人鼻息。

他只想做一个平凡的人，普通的人，自在的人。

他无心求仕，不愿混迹官场；他终生经商，而且发誓要凭借自己的力量，去开发自己的事业；他厌恶纨绔习气，宁可自己发奋，自立自强。


李幼邻念高中二年级时就已经学会开车了。

当时，广西驻穗办事处给他们母子分配了一辆小车。在三十年代的广州城，有几户人家能有这种待遇呢？

有一天，在好奇心与虚荣心的驱使下，李幼邻把小汽车开进了校园。第二天上学时，他突然发现同学们对他的态度完全变了。同学们像躲瘟疫一样离他远远的，连最要好的同桌同学也不正面看他一眼，他甚至还听到同学们放肆地在背后议论，什么"广西军阀的儿子"，什么"还不是沾他父亲的光吗"，等等。

放学后，李幼邻很后悔，觉得自己确实做得很不对，同学们的议论一点都没错。如果不是他父亲这个身份，他怎么会有小汽车开呢？这不明摆着是沾父亲的光吗？

从此以后，他再也没有开车到学校去转悠了。

1947 年，出国 10 年的李幼邻举家从美国回到上海，随行的行李比较多：4 个大铁壳箱，还有 20 多件行李。从上海入关时，海关人员一个箱子一个箱子地翻，一件行李一件行李地查，磨磨蹭蹭，从上午 11 点钟一直折腾到下午 4 点钟。小孩嗷嗷直哭，太太珍妮第一次来中国，看到中国海关如此作风和办事效率，愤怒至极："我要回美国去。"

前来接站的朋友也很着急，他让李幼邻去跟海关人员通报一声自己是李宗仁的儿子，保证很快就可以通行。

但李幼邻坚决不干，他的犟脾气又来了，他说我为什么沾父亲的光呢？况且自己没有携带违禁物品，随海关检查就是了。

哪个朝代不是朝廷有人好办事，又有何人不想利用各种关系与己方便。

而偏偏李幼邻就如此清高孤傲。

1947 年 7 月，北平。

碧蓝碧蓝的天空上，有几朵白白的云彩，在慢慢地飘荡着。虽是到了夏日时节，但天气依然显得很清爽。微风徐徐吹拂，马路两旁的树木，早已长出了婆娑的叶子。树叶在风力的作用下，发出沙沙响声。那一座座格局大同小异的四合院，灰赫色的院墙里面，呈现出各种不同景致的斑斓色彩。

这天，李幼邻一家人游玩后，太太珍妮开着车把母亲和孩子送回了东总布胡同的住处，李幼邻跟着父亲的专车径直来到了北平中南海的怀仁堂。

这当时是李宗仁办公的地方。

今天，这对父子在这里进行了有史以来、时间最长的一次推心置腹的交谈。10年的时光，10年的经历，10年无法面对面的话语，父与子慢慢交流着、倾诉着。最后，他们的话题集中到了儿子今后如何发展的问题。

"我让你从美国回来，就是希望你能在国内发展，不知你个人有什么考虑？"父亲开门见山地说了。

李幼邻冷冷答道："我与珍妮已经谈过这个问题，到时看看机会再说吧。"

"只是看机会？"

李幼邻点了点头。

"你知道北平是几朝古都吗？"

李宗仁刚一开口，李幼邻就接茬了："古都又能怎么样？我相信，尽管父亲现在手中没有更多的实权，但为自己的儿子谋一份差事，我想完全不成问题。如果我说多了、说重了，也许会伤了父亲的心。父亲在北平城过得并非顺心如意，这点我看得出来。父亲为我好，希望我在国内做事，我理解父亲的心情。但是，我今天明确在父亲面前表个态，只要你在北平行营当主任一天，我绝不会在北平城当差一天。退一步说，就算父亲一定要我在北平做事，我个人心里也是不痛快的、不情愿的。假如我在北平谋职，或去从政，或到哪个大学教个英语，或做个什么生意，我自信应该完全没有问题。但问题的关键是，一当人们知道我是你的儿子时，不仅会影响父亲的形象，而且对我个人来说，也有损我的人格。不知父亲是否能理解儿子的想法？"

李宗仁沉默了：儿子已经长大了，独立了，就像成材的树木折不弯了。况且，儿子说得完全在理呀！

不过，李宗仁仍然希望自己的儿子能留在国内做事。所以，当9月初李幼邻一家人回上海时，李宗仁还是让儿子带着他的信件，到上海一家进出口委员会看看再说。为了不想伤害父亲的心意，李幼邻答应了，而且人也去了，甚至也去上班了。但就短短的个把月时间，李幼邻就义无反顾地离开了。

因为李幼邻深深感到，自己完全不适应那样的官僚机构。

在中国，古往今来，有多少显贵家庭的子女，能像李幼邻这样自尊、自重、自觉、自律。李宗仁在南京城当副总统时，李幼邻一直在国内。李宗仁当"代总统"时，李幼邻在香港。他从未考虑通过自己的父亲去谋个好职务、好差事，也从不打着父亲的旗号，去达到某种目的或谋取任何利益。他宁可离开父亲远远的，跑到另外的天地另辟蹊径，办自己的事业，做自己的生意。他要用自身力量去奋斗，去体现自我价值。生意成功了，是靠自己努力得来的；生意失败了，也与父亲无关。倘若在李宗仁的荫庇下发财，他认为这种钱是肮脏的。

这就是李幼邻。

# 第九章 故土情深

## 飘然羁旅半世，何曾忘却唐山

身在天涯，心系唐山。

与千千万万的老华侨一样，李幼邻对祖国、对家乡一往情深。诚如唐德刚先生在《撰写〈李宗仁回忆录〉的沧桑》中所说：

> "只要良心不为私利所蔽，华侨都是爱国的。他们所爱的不是国民党的中国或共产党的中国。他们所爱的是一个国富兵强、人民康乐的伟大的中国——是他们谈起来、想起来、感觉到骄傲的中国！"

（台湾《传记文学》第四十七卷第五期第 29 页）

旧中国满目疮痍，受尽列强的欺凌与污辱。面对一片伤心月，李幼邻只能"清泪长啼血"。即便如此，他没有轻易动摇自己的信念，直到去国十多年后，为了母子团聚，他才加入美国国籍。

从 1937 年出国，到 1954 年加入美国国籍，其间整整跨了 17 年。17 年，李幼邻一直保持着中国公民的身份，他的心里有着一种说不清、道不明的故土情结。而最后促使他改变初衷的，则是以下两个因素：

一是他的父亲已作为国民政府的失败者，离开了中国大陆；二是因为他没有加入美国国籍，他的母亲不能办理移民，他与母亲只能天之南、海之北。

但作为一个中国人，李幼邻始终没有忘记自己的根，始终没有忘记家乡的绿水青山。虽离国五十多年，他仍保留着一口地道的桂林口音。

看到喷薄而出的新中国自立于世界民族之林，看到新中国每一项建设新成就，看到新中国一天比一天富强，他的内心感到无比的欢欣和鼓舞。

因为他深深体会到，只有祖国母亲的强盛，海外游子的腰杆才能硬起来。

当中美两国长期以来对峙的坚冰被打破以后，世界的整个格局发生了根本的变化，广大的海外华人更是为之欢呼雀跃。

为了促进中美邦交正常化，李幼邻不辞辛劳，奔走于纽约—华盛顿之间，联络华人团体，联系有关人士，积极开展民间外交。在筹备"促进中美邦交正常化大会"过程中，他不遗余力地忘我奉献着。

那时，不仅很多美国人对中国很不了解和理解，就是很多华人对自己的祖国也很陌生。李幼邻像一只领头雁，经常借阅有关中国大陆的影片，并专门租用场地放映，使海外华人更多更具体地了解自己的祖国、自己的家乡，扩大了祖国对外的影响。以至于多年以后，还有人开玩笑说他是左派分子。

为了在美筹建广西同乡联谊会，李幼邻利用自己特殊的身份，四处活动，走东家，串西家，苦口婆心地做工作，尽最大能力把在美国的广西籍同乡组织起来，团结起来。

他觉得，游子就像一只风筝，随风到处飘荡。而游子的情思如同那根长长的线，一头连着自己的祖国，连着自己的家乡。

广西是一个著名的侨乡，在美的广西籍华人也不少。李幼邻认为，筹建同乡联谊会是一件很有意义的事情。它不仅可以把大家组织起来，更使大家有一个精神寄托。

那些年，李幼邻一直为筹建广西同乡会忙碌着。后来，在美的广西籍同乡准备推选李幼邻当同乡会的会长。但他考虑到自己年岁已高，居住的地方又不方便，不便于开展工作，他婉言谢绝了大家的好意，建议同乡们挑选出更合适的人选。

名和利，终究是过眼烟云，永存的是游子那颗赤诚的心。

"土地不能分裂，国家应该统一。"这是李幼邻常说的一句话，也是这位古稀老人看到了积弱的中国饱受欺凌所得出的深切体会。

由于种种的原因，李幼邻一次都没有去过台湾。可他多少次、多少回谈起有关台湾的话题，说到在台湾的朋友，说到两岸的统一。

哪个炎黄子孙不希冀自己国家领土的完整？哪个中华儿女不期盼自己祖的昌盛？

一天，李幼邻到桂林"李宗仁资料陈列室"参观。那时，陈列室尚未搬迁到桂林市文明路，而是在漓江与桃花江交汇处的象鼻山云峰寺里。

此时，一个台湾旅行团也正在参观游览。客人们议论纷纷，有的说李宗仁在北伐过程中的确了不起，有的说李宗仁是抗日的英雄，还有的说为什么蒋介石先生最后如此仇恨李宗仁……

李幼邻就在现场，他听在耳里，内心却在翻滚着。因为他原以为自己的父亲已被台湾当局打入了另册，想必台湾的民众未必会客观了解过去的历史，或者会用另外的眼光看待过去的历史。

恰好此时桂林市文物工作队的领导赵平先生也在场，他向客人们介绍了李幼邻。旅行团的台湾同胞没想到能在这里见到德公的儿子，兴奋无比。大家一下把他围住了，问长问短，合影留念，还热情邀请李幼邻赴台旅游。

李幼邻喜形于色，激动得很。事后，幼邻先生不止一次与笔者说过，其实他在台湾有不少朋友，他们都邀请他到台湾走一走。从内心上说，他很想去，而且手续也不难办理。但是，他觉得这趟旅程非常漫长，也非常艰难。他说倘若他去了台湾，当局知道了要采访，他不知如何处置……

随着幼邻先生的故去，这已成了他今生今世的一桩憾事。

秋天来了，秋天的黄昏来得似乎特别快。李幼邻回桂的这些日子，除了每天去看望在医院疗养的母亲，大部分时间都在"李宗仁资料陈列室"。这天，已经到了闭馆时间，有一位老人仍在全神贯注地观看着，不忍离去。

李幼邻上前一问，得知老人从台湾回来；又问，老人还是临桂老乡；再问，老人更是他父亲过去的部下。

两位老人颤抖的双手紧紧地握在了一起，乡音袅袅，乡情切切。他们亲切交谈着，故乡的变迁令他们欣喜不已，谈到两岸的现实却让人感到压抑。

尽管台湾当局近些年对两岸关系做了某些调整，结束了"盈盈一水间，默默不得语"的局面。但整个局势的进展仍不尽人意，加上"台独"活动日益猖獗，哪个中国人不为此忧心忡忡。

那位老人说，他1949年到台湾后，如同那些老兵一样，命运很悲惨，国民党把他们这一批人抛弃了。他们时刻想念着大陆，时刻想念着在大陆的亲人，直到前些年才能回到大陆看看，然而已是物是人非、世事苍凉了。

李幼邻与这位老乡相谈甚欢，他劝老人常回来走走，看看。

末了，两位老人双手再次紧握，泪眼汪汪，让人伤感、心酸。

常年生活在海外，李幼邻对我海外工作也非常中肯地谈了一些看法。

他说，在海外的很多华侨并非都富有，过去一些老华侨含辛茹苦，省吃俭用地攒钱，为了拥有自己的报纸，创办了《华侨日报》。但到了七十年代后，一些年轻人去接手了这家报社。从此，报纸慢慢偏离了轨道，乱写文章，胡来一气，发展到后来骂自己的祖国，最后只得停刊。这件事情，弄得许多老华侨伤心不已。

他还说，从1970年到1984年这段时间，每到10月1日我国国庆节，美国很多华人及华侨团体都悬挂五星红旗，直让人兴奋。

"浮云游子意，落日故人情。"

在海外飘零大半生的李幼邻，对祖国、对故土涌动的不是一股滚烫的热流吗？！

## "只有一片梧叶，不知多少秋声"

《诗经》曰："维桑与梓，必恭敬止。"

虽去国多年，但李幼邻对故土的情感依然是执着的、真挚的、热烈的。因为他知道，桂林是他父母的桑梓地，是他李家的根脉所在。

所以，虽为游子，他始终没有忘记自己是一个中国人，是一个桂林人。

几十年来，多少"杜鹃枝上残月"的故园之思，多少"黯乡魂，追旅思"的羁旅愁怀，更有多少"思悠悠，恨悠悠，恨到归时方始休"的切切乡情。

这就是李幼邻捧给故土的一腔情愫：无穷的乡思与连绵的乡愁。

幼时，李幼邻随父颠簸于军旅，先是在香港读小学，尔后回广州上了6年中学，十几岁就到了美国求学。那时，故乡留给他的是陌生而新鲜、但不完整的印象。

1947年，李幼邻携妻带女回国，在上海和当时的北平小住了一段时间。不久，举家又迁往香港居住。

1949年4月，李幼邻又一次从香港回到山雨欲来的桂林城。他怀着"归去来兮，吾归何处"的茫然与慨叹，带着自己的母亲，离乡别井，踏上了漂泊之旅。自此别，只有梦里"看云外山河，还老尽，桂花影"。

直到1973年，他母亲回到了生于斯、长于斯的桂林，他那缱绻乡思才真正注入了有血有肉的游子情和有情有感的孝子心。

"怀人更作梦千里，归思欲速云一滩。"

李秀文归国十几年来，李幼邻先后回来了13次。每次回来都要住上两三个月的时间，他陪母亲散步、聊天、走访。

在桂林市区叠彩路一号的故居，在叠彩公园的凉亭里和盘山道旁，在秀丽的漓江之滨，在葳蕤芬芳的桂花丛中，留下了他们母子俩累累的足迹和朗朗的笑声。

1988 年，年迈百岁的李秀文行动已有不便，有关方面为了便于照顾老人，让李秀文住进了医院。李幼邻回来后，天天到医院看望，守候在病榻前。其情其景，莫不使人动容。

为了使后代不忘自己的根，几年前李幼邻就向二女儿李雷诗介绍了他母亲口述的回忆录《我与李宗仁》。

祖父叱咤风云的一生，祖母尊荣而凄苦的命运，还有故乡那神秘诱人的民俗风情，无不使这位李家后代产生憧憬和联想。

1990 年 5 月，在李秀文百岁寿诞前夕，李幼邻与二女儿联袂归来，就是为了表达他们魂牵梦绕的缱绻乡思和认祖归宗的一腔情愫。

1990 年 5 月 9 日上午八时，一辆乳白色的小旅行车穿行在密密匝匝的雨帘里，轻快地向临桂县两江方向驶去，李幼邻带着女儿回乡扫墓来了。

车过临桂县城后，风停了，雨住了。公路两旁，阡陌纵横，四野叠翠；远处，山岚飘逸，云烟氤氲。

呼吸着刚刚被雨水洗涤过的清新空气，欣赏着如诗如画的田园美景，真让人心旷神怡。父女俩谈笑风生，李幼邻不时指点着，介绍着。虽去国五十多年，但故乡的一草一木，对李幼邻来说，依然是那样亲切，那样熟悉，那样撼人心扉。

浪迹天涯，人老还乡。"只有一枝梧叶，不知多少秋声"，这其中的滋味或许一般人是难以想象的。

如今，他与女儿回来了。这不仅仅是圆了"故乡遥，何日去"的相思梦，更是延续了上一代人与下一代人的思乡情。

小旅行车在两江镇的沙子岭停了下来。

在公路右侧的山坡上，李幼邻的祖母、三叔和四叔静静地长眠在萋萋芳草中。

按照故乡的习俗，祭祖扫墓是李雷诗多年来梦寐以求的夙愿。她对笔者说，她的外婆是波兰人，她在欧洲又生活了四年，对欧洲比较了解，而对中国的礼仪和习俗却知之不多。以前，她在香港看过她姐姐、姐夫祭祖，觉得很有意思，她认为这是一种东方文化。

今天，李家的儿孙们还愿来了。

站在李老夫人的墓前，李幼邻浮想联翩，感慨万千。当年他祖母去世时，正当国难当头，丧事从简。尽管李宗仁当时如日中天，但他母亲也如当地普通百姓一样简单土葬。埋葬完自己的母亲，李宗仁又匆匆上了前线。后来，也尽管李宗仁任国民政府副总统、代总统，他也没有把自己母亲的坟墓修起来。直

李幼邻与表侄子李立之回乡扫墓

到 1987 年 11 月，李幼邻才出资将这座破败的坟茔修葺一新。

现在，他一边清除坟茔四周的藤蔓杂草，一边在墓前摆放果品，祭供三牲，点燃香烛，焚烧纸钱，尔后鞠躬致意，表达李家后代的毕恭敬止之情。

从沙子岭下来后，李幼邻便驱车到了他的外婆家——两江镇村头村。一百年前，他的母亲就诞生在这里如今门牌号为 088 的寻常百姓家。

白云苍狗，世事沧桑。李幼邻父女站在这所古朴、简陋的房屋前，望着斑驳陆离的墙壁和朱颜褪尽的窗棂，久久地伫立着、沉思着，并在房屋前留影纪念。

村里人得知李幼邻父女俩到来，无不热情地表示问候。面对着相见不相识的乡亲，李幼邻以地道的家乡话客气地与乡亲们打招呼，拉家常，真有那种"少小离家老大回，乡音未改鬓毛衰。儿童相见不相识，笑问客从何处来"的涩涩感觉。

村子并不大，经济也不发达，发展并不理想。但它那破旧的房子，古老的窗棂，斑驳的墙壁，似乎向人们展示着百年来的风风雨雨。

对李幼邻来说，这是一个非常神圣的地方，是他一辈子都不会忘怀的地方。

因为，这是他母亲的出生地。

此时此刻，对李雷诗这个"洋孩子"来说，眼前的一切是那样陌生，却又让她感到心潮澎湃。这里，有她祖母童年的足迹和青春的故事。她所要追寻和寻觅的，就是这种古朴而纯真的历史。桑梓情谊将她引入了一个崭新的天地，这一切深深吸引了她，打动了她。

她频频按动着照相机的快门，多么想把这一切都拍摄下来，带回去长留心间。

当村中炊烟袅袅时，李幼邻父女俩才恋恋不舍地离开了村头村。

走在乡间的小路上，李雷诗还沉浸在激动和遐想中，她用不太娴熟的汉语、时而还夹杂着英语的语言，对我们说起了与祖母共同在纽约生活的情景。

她说，那时老人一天到晚忙个不停，不是在菜地里侍弄菜蔬，就是在厨房里给她们做可口的饭菜，还经常带她们姐妹去唐人街玩……

这位孙女谈起自己祖母这些往事时，仍如数家珍，俨然如昨。

当然，在这种场合中，李幼邻时不时地做一些翻译、解释工作，人群中不时传出欢声笑语，四野弥漫着轻松、欢乐的气氛。


与村头村相隔不远的浪头村，村头马路边有幢颇为气派的建筑，它便是"李宗仁故居"，这五个赫然入目的大字为民革中央屈武先生所题。

故居的院子里长着几棵老树，还有一个旧时的鱼池。木楼上，楼房依旧，人却空空，只有楼前那株玉兰树，仍然枝繁叶茂，迎风摇曳。大厅内，李宗仁的半身塑像坐立其中，四壁上张挂着李宗仁各个时期的照片、图片和资料。

李幼邻一边浏览，一边向女儿介绍、解释，使这位"代总统"的孙女对自己祖父不平凡的一生，有了更加具体、深刻的了解……

当地政府已经拨款对故居进行了修缮，桂林市文物工作队也着手对故居规划、布置，准备对外开放，供人参观游览。

李幼邻心想，假若没有政府的重视，假若没有桂林市文物工作队的努力，尤其是赵平队长的努力，故居也许就"丢荒"了。

所以，李幼邻非常感谢政府，非常感谢那位尽职尽力的赵平先生。

这一天，年逾古稀的李幼邻顶着烈日，不顾疲劳，带着女儿先后到了村头村的苏家山和两江铜岭的祖上墓地扫墓。


扫墓归来，李幼邻一身如同散了架，毕竟岁月不饶人，可他今晚睡意全无。他轻轻地从床上起来，看到女儿房间已无亮灯，便一个人走到院子里。

月亮隐入了云层，整个天空混混沌沌的。院子外面的街上，已经听不到

李幼邻与二女儿在李秀文故居前合影

行人与车马的声音了，只有那一街之隔的漓江，还在不舍昼夜地流淌着。

李幼邻坐在院子里的一张藤椅上，望着被云层笼罩着的夜空。此时，东北角的叠彩山在苍穹下静静地睡着了，地处东南方向的伏波山也被浓浓的帷幕包裹着，唯有漓江之东的七星岩上空，有几颗忽明忽暗的星星在云层间时隐时现。

一想到七星岩，李幼邻就立刻想起七星岩洞内的八百抗日将士的孤魂，想起了长眠在普陀山上三位为抗击日寇而牺牲的将军。他们都是抗日的英雄，他们都是民族精英啊！

不论是曾经的国民政府，还是如今蒸蒸日上的中华人民共和国，对抗战中的有功之臣均给予礼遇。普陀山上的三将军墓和八百壮士墓，都说明了国共两党对中华民族抵御外来侵略者的那种宁死不屈伟大精神的肯定。

李幼邻想，不论从哪个方面去诠释，把抗战将士的墓地作为文物保护起来，纪念为国家、为民族而捐躯的将士，的确是一件于民族、于后代有功有德和有意义的事情。但他心里一直有一个疙瘩：桂林还有几个为抗战而牺牲的将士，至今几乎无人知晓，他们静静地长眠在萋萋芳草中。而这些牺牲的将士，都是自己父亲当年的老部下啊！父亲当年回桂，前呼后拥，来去匆匆，未能到墓地去看望他们。我要替父亲去告慰这些为民族、为人民而捐躯的英灵们。

第二天，当他把这种想法告诉女儿时，女儿认为自己的父亲崇高而伟大，太富有人性了。桂林市文物工作队得知李幼邻父女俩此举的行为，认为也是一件很有意义的事情。特别是那些牺牲将士的亲属，更为李幼邻父女俩的行为感动。

就在李幼邻父女回临桂两江扫墓后的第四天，即 1990 年 5 月 13 日，由桂林市文物工作队赵平先生做向导，在牺牲将士亲属的陪同下，李幼邻带着二女儿给在抗战中牺牲的将士扫墓来了。

他们首先来到了桂林火车站西南方向的黑山苗圃。这里，有一座在淞沪战役中牺牲的抗日将士的衣冠冢。

淞沪战役，历时三个月，是抗日战争中最为惨烈的战役之一。是役，敌我双方投入的兵力为 30 万与 70 万。然而，由于错误的决策，在敌强我弱的情况下，血肉之躯终究抵挡不住敌人无情的炮弹。在敌人猛烈的攻击下，淞沪战役以我失败告终。时任旅长的桂林人——秦霖，在视察阵地时，被敌炮火击中，与副官同时阵亡，尸首全无。

如今，这座衣冠冢静静地躺在苗圃里。藤蔓疯长，野花在旁。尽管不远处就是车水马龙的市区，而英雄孤魂只能伴着衣衫寂寂地长眠地下。没有多少明显的标志，没有多少人知道这座衣冠冢的主人是谁，多少有些让人心寒。

肃立在衣冠冢前，李幼邻父女俩心情无比沉重。他向女儿介绍了淞沪战役的简况，也介绍了在此役牺牲的秦霖旅长。今天，他带着女儿，怀着肃穆的心情，向为民族、为人民而牺牲的先烈鞠躬，并送了鲜花以表达哀思。

接着，他们来到了桂林东郊瓦窑棉纺厂的小花园。那里，矗立着另一位桂林人——周元副师长的纪念碑。

1938 年台儿庄战役后，周元率部在安徽蒙城阻击北犯的敌人，与日军激战了三天三夜，周元副师长与三千广西将士阵亡。为了民族的利益，为了保家卫国，这些来自广西的热血男儿，慷慨当歌，从容赴死。他们用生命与热血，写下了可歌可泣的一页。当年，国民党当局在此修建纪念碑，纪念牺牲在战场上的周元副师长。前些年，为了表达对周元的崇敬之情，安徽蒙城还邀请了周元的后代，到蒙城参加有关纪念活动，给予了很高的礼遇。

听了这些介绍，李幼邻深受感动。他说，为国家、为民族、为人民作过贡献的人，我们都不应该忘记他们，我们应该记住这段历史，并且要让后代不要忘记这段被欺凌、被侵略的历史。

从棉纺厂小花园出来后，他们直奔市区东北方向的大河乡潘家村后的尧山山麓，祭扫在台儿庄空战中牺牲的桂林籍飞行员——何信。

山路弯弯，烈日炎炎。如此消耗体力，别说是一个古稀老人，就是对身强力壮的人来说，也是一种不小的考验，但李幼邻坚持着要完成这个神圣的使命。所以，陪同祭拜烈士的亲属们，个个感动不已，心里感到一种满足。于是，他们联袂送了一幅字画，以表达对李幼邻父女俩的感激之情。李幼邻把这件赠品当作珍贵的礼物，带回美国珍藏起来。

1991 年，李幼邻又一次回到了桂林。

没有违背自己的诺言，幼邻先生一次又一次接受我的采访。不过，我已明显感觉到，幼邻先生的体质大不如以往，精神虽然很不错，但人比上次回来显得消瘦，咳嗽很频，有时还出冷汗。

一天，李幼邻与我谈完后，提出来要再回一趟临桂的乡下老家。

我一听，心里一愣，赶紧说："幼邻先生，你现在的身体吃得消吗？"

他的语气有些苍凉："身体是有些吃力，但对我来说，也许机会不会很多了。"

"去年你不是已经与二姑娘回去了吗？"我从心里说想劝他打住这个念头。

　　"小刘啊！自'七七事变'离开中国后，我在海外生活了50多年，什么风雨都经历过了，往事如烟，一切都不堪回首。如今我人老了，对家乡是更加眷恋了。我父亲已经有了归宿，我母亲也得到政府很好的照顾，我已无所牵挂。临桂乡下是我祖上的根脉，今后只要我回国，我都会回去的。可惜的是，我每回去一次就少了一次啊。"李幼邻一直看着我的眼睛，把上面的话说完。

　　听到老人这番言语，我便不好再说了。

　　通过这两年的接触交往，李幼邻已把我当作可以推心置腹交流的朋友了。我当然二话不说，就陪着幼邻先生又一次回到了临桂乡下。

　　8月，是桂林最热的季节。骄阳似火，酷暑难当。考虑到幼邻先生的身体状况，我建议他到了山脚下就可以了。可他硬是迈着艰难的步伐，穿过长满荆棘与野草的山路，冒着地上蒸腾的热气，一步一步登上山，给他的祖上扫墓。

李幼邻留给临桂老家的最后一张照片

晌午过后，我们才回到浪头村的李宗仁故居。

离开故居前，李幼邻再次仔细浏览了他父亲的有关资料和展品。在桂林市文物工作队的精心布置下，故居已经正式对外开放了，李幼邻心里非常感激。

最后，李幼邻特意来到了故居的后院，后院有一个常年不断流的泉水，泉水汩汩流淌形成了一个小水池。

此时，日已西冲，阳光正透过树叶洒下斑斑点点的亮光，亮光随着流淌的泉水静静地消逝而去。

李幼邻平时很不喜欢照相，尤其是场面上的事。可他今天却主动提出要在故居的水池边留个影。

谁料这张照片竟成了李幼邻留在他临桂故居的绝照。

时间在这一天定了格：1991 年 8 月 27 日。

## 老河口——永远芬芳的怀念

1990 年 5、6 月间，应湖北省老河口市政协的邀请，李幼邻访问了这块多年来令他魂牵梦绕的地方。

在日寇铁蹄蹂躏中华大地的最艰苦岁月里，作为第五战区长官司令的李宗仁，曾驻防老河口近 6 年之久，指挥部队同仇敌忾，抵御了侵略者的进攻，镇守着这方水土，保卫着这方人民。

至今，老河口的父老乡亲仍怀念和崇敬这位于民族、于人民有功有德的抗日战将。今天，热情好客的荆楚乡亲又以挚爱之情欢迎这位抗日战将的后人。

5 月 28 日中午，列车抵达武昌城。当晚，老河口市驻武汉办事处设宴为远道而来的客人接风洗尘。

翌日，李幼邻从汉阳站上车，直奔老河口，市政协秘书长亲到车站迎候。

在以后几天的活动中，李幼邻无不感受到老河口人民给予他的盛情接待和隆重礼遇，每每使他激动不已。

到老河口的第二天，在市政协和市委统战部领导的安排下，李幼邻首先参观了"抗日战争时期第五战区长官司令部和司令长官李宗仁旧居"。

从 1939 年 6 月，第五战区长官司令部迁至老河口胡家营，到 1945 年元月李宗仁调任汉中行营主任，他在鄂西北长达 6 年之久。他所辖的战区包括河南、湖北、安徽三省的大部分地区。在敌我情况极为复杂、部队装备训练差、"杂牌军"最多的情况下，李宗仁以高度的民族气节，把蒋介石不想要的"杂牌军"团结在自己的麾下，又以运筹帷幄的大将风度，协调各方力量，指挥部队英勇杀敌，使日寇在随枣、枣宜一带三度受挫，阻敌北犯平汉路，尔后又赢得豫南鄂北之战的胜利。尽管敌骑兵一度曾窜至离老河口仅三十里地，但敌人始终未能越过雷池一步。

望着父亲的半身塑像，看着有关随（县）枣（阳）、枣（阳）宜（昌）、鄂北、豫南和台儿庄之战的许多照片和资料，听着人们对往事的介绍和对他父亲的评价，李幼邻浑身滚动着热流。他环顾着自己父亲当年曾经生活、战斗过的办公室、作战室和居住的地方，在铺满鹅卵石的院子里慢慢地走着，用心体味父亲在抗战期间的这一段经历。

当时，日机经常飞来轰炸，长官司令部当然是它们寻找的主要目标。1941 年春的一天，敌三架轰炸机在长官司令部上空盘旋，旋即投下 6 枚重磅炸弹，最近一枚仅离长官司令部 50 余米。当时李宗仁等就在现场，可他临危不惧，神态自若。又有一次，敌情危急，长官部参谋长令所属机关人员撤离老河口。李宗仁仍然镇定地留在原地，安定了军心、民心。正如他对西北军校教育长张鹤龄所说："人对于死总会感到恐惧的，但一想到自己担负着救国杀敌的重任时，就什么也不怕了。"（《李宗仁轶事》漓江出版社 1994 年 4 月第一版第 107 页）

李幼邻说，那时我正在美国求学，家父不时从老河口寄信来，讲抗日的形势，讲共同抗击民族大敌的道理，讲军人效力疆场的天职，每每鼓励着我、鼓舞着我，使我牵挂着老河口，牵挂着祖国的命运。打那时起，老河口这个名字就在我脑海里留下了不可磨灭的印象。

所以，他不止一次地说："老河口是我的第二故乡。"

是啊！萦绕了40多年的情结，如今遂了心愿，他怎不激动、怎不高兴呢？

这次从美国回来，李幼邻特意带上他父亲的有关照片和资料，送给老河口，以表达他对第二故乡的感激之情，也是对老河口父老乡亲对他父亲的爱戴表示谢意。

离开第五战区长官司令部旧址时，应主人的要求，李幼邻欣然题词：

1990年5月，李幼邻在老河口题词

1990年5月，李幼邻在老河口
第五战区旧址合影

"参观老河口市先父李宗仁抗日时第五战区司令部留念。"

以我国伟大的革命先行者孙中山先生名字命名的园林、街道，可谓比比皆是，老河口同样也有中山公园。

漫步在中山公园，李幼邻寻觅着他父亲当年在这里留下的足迹。

听介绍人员说，那球场边上"贫民医院"，是李宗仁倡议并捐资修建的，他还派了自己的随身医生、留德医学博士孙荫坤到此任院长、医生。这所"贫民医院"，在当时发挥了积极的作用。

那公园北面的广场，李宗仁当年曾多次在这里发表演说，鼓励全体军民团结抗战才是唯一出路，号召大家英勇杀敌，投身沙场……

如今已被辟为"幼儿乐园"的那块地方，当年是李宗仁与其他将领打网球的活动场地。那时，不管情势如何危急，李宗仁仍泰然自若地活动。老百姓看到这种情景，民心也安定下来。

岁月悠悠，往事如流。但李幼邻无不体会到老河口人民爱憎分明的情感。他父亲生活简单朴素，其随从人员也非常平民化，与地方、百姓的关系也很融洽等等，这些都成了人们向他介绍的话题。

李宗仁 1945 年 2 月离开老河口后，继任的第五战区司令长官刘峙，却贪生怕死，消极防守，在日军猛烈进攻的时候，却在草店召开"裁军会议"，导致战区部队军心涣散，防守崩溃，使日军一举占领了老河口，给老河口带来了惨重的灾难。而此时，离抗战胜利仅 3 个月的时间。

听了这些介绍，李幼邻心里沉甸甸的，无语话凄凉。

离开中山公园之前，李幼邻肃立在"第五战区抗日阵亡将士暨死难同胞纪念碑"前，凭吊先烈，告慰英灵，并留影纪念。

清澈的汉江水静静地流淌着，雄伟的汉江公路大桥把鄂豫两省连接了起来。

迎着徐徐的江风，李幼邻兴致勃勃地走在大桥上。

1945 年 2 月，李宗仁离开老河口时，也是从这里过江的。不过，介绍人员对李幼邻说，当时它还是一座浮桥。

那天，送别的人群如海如潮，鞭炮响彻四野。在那兵荒马乱的年月里，饱受离乱之苦的人民尤为崇敬金戈铁马的英雄，崇敬指挥过台儿庄战役而震惊中外的战将。望着人流涌动、万众欢腾的场面，李宗仁被深深地感动了。他下了车，缓缓走过浮桥；他频频回首，向送别的父老乡亲招手致意，依依不舍地离开了这个曾经度过 6 个寒暑的地方。

此时此刻，一股暖流震荡着李幼邻的心扉：这就是民众的情，民众的爱。

1990年5月30日，李幼邻与作者在湖北老河口市合影留念


　　在老河口短暂的几天时间里，李幼邻马不停蹄、人不下鞍地游览了市容市貌，参观了工厂、商店，目睹了老河口在发展、在变化而呈现的一派勃勃生机，置身领略了荆楚大地的种种风情，无不感受到这方水土、这方人民对他父亲的崇敬和厚爱以及对他本人的热情。

　　这些天，李幼邻一直沉浸在激动的氛围中。他从老河口市领导介绍的情况里，看到了这里喜人的前景和希望，更通过这几天自己的耳濡目染，看到了"第二故乡"明日的辉煌。

　　他说，以前他父亲曾给他说过，老河口古有"小汉口"之称，但漫漫岁月馈赠给这块土地的只有贫穷和落后，"兴，百姓苦；亡，百姓苦"，哀鸿遍野，甚至人相食。据说从民国以来，省里官员中连一个厅级的官员都没有来这里视察过。而如今的老河口，到处呈现一派生机，李幼邻祝愿在市领导和全体人民的努力下，老河口将更加繁荣、发达。

"请君试问东流水，别意与之谁短长。"

6月1日，李幼邻带着感激之情，带着美好的回忆，离开了老河口。今生今世，他在这块荆楚大地上只度过了短短的4天。但老河口留给他的却是永远芬芳的怀念。

# 第十章　归去来兮

## 美国不是天堂，也不是地狱

凡是海水能流到的地方就有华人。

此话不假。

千百年来，跟随着海水四处漂流的海外华人，以自己的勤劳与智慧，在世界各地苦挣扎，求生存。他们在为世界创造、传播文明的同时，也为自己谱写了一曲曲血和泪的辛酸史。

李幼邻在他长达半个多世纪的海外生涯中，同样也曾在窘迫中煎熬、挣扎过，万念俱灰时甚至想到过自杀。

五十年代初，是李幼邻人生中最痛苦、最黑暗、最绝望的时期。

那时，李宗仁已经寄居美国。共产党把他列为二号战犯，台湾那边的蒋介石又虎视眈眈地逼着李宗仁从"代总统"的位置上退下来，他成了满身是非、两边都不受欢迎的人物。

尽管此时李秀文已经离开了桂林到了香港，但随着李幼邻一家人迁往美国，因他本人还没有加入美国国籍，故李秀文被美国移民局挡在大门外。年已花甲的老母亲只能独居香港，后又辗转寄居到古巴的朋友家。

而且更为严重的是，李幼邻面临着严重的经济上的拮据。偌大的美利坚合众国，竟无李幼邻的立锥之处。有时，他真想一走了之。

记得李宗仁回国后在中外记者招待会上，曾有记者问他给儿子留了多少钱财，李宗仁以"无可奉告"作为回答，而李幼邻却只有苦笑而已。

毋庸置疑，李宗仁在广西、在桂系拥有绝对的权力，但他的一切支出都是由广西省财政厅安排。他与白崇禧一样，对自己家庭的开支都严格、自觉把握着标准。后来，尽管李宗仁当了副总统、代总统，但银行、金库都是蒋介石一手掌握。在离开大陆的最后时刻，他只能伸手向广西的财政那里要了一点外汇……

按常理推测，李宗仁位居高官，一人之下，万人之上，何愁钱财。况且在那大染缸一样的官场里，有多少人能清清白白地出来，难道李宗仁真的是一个例外？

李幼邻说，他父亲到美国后不久，就囊中羞涩了。如果不是郭德洁炒股有些斩获，也许早就揭不开锅了。所以，他要时不时地接济父亲。1965 年李宗仁离美回国时，他还给了自己父亲带回了 1.3 万美元。

我们知道，李宗仁刚到美国时，住的是有草坪、有警棚的英国"都德"式的房子。可是，到了 1956 年，他的生活已经维持不下去了，只好搬到恩格渥德·克利弗斯一所很简易的房子去住，而且如同他孙女李雷诗所说：

"这时他（指李宗仁）已雇不起厨师、管家，也招待不起客人住了。"

（《和祖父李宗仁在美国的日子里》漓江出版社 1994 年 4 月第一版第 232 页）

为生活所迫，李幼邻在美国曾与人合伙开过餐馆。有一段时间，餐馆生意红火，顾客盈门，这本是一桩大好事，可是因为工作量骤增，厨师却不耐烦了。他不仅消极怠工，而且处处出难题，甚至故意砸牌子，把汤弄得咸咸的，把菜弄得糟糟的，一下子就把名声砸了。

后来，客人越来越少，冷火秋烟，惨淡经营，连洗碗工也不辞而别。在这种情况下，你还顾得上什么老板不老板。李幼邻只好亲自下厨，当起了洗碗工。

这家餐馆经营到最后，根本无钱可挣，李幼邻只好连股份都不要了。

去国 50 多年，李幼邻为事业、为家庭、为儿女耗尽了全部的心血，最后悄然地离开了人世间。

他犹如一颗小小的流星，在漫漫的夜空里划过了一道并不耀眼的弧光，一闪即逝，最后化为灰烬。

1992 年 8 月，当染疾在身的李幼邻最后一次回到桂林时，他感叹自己的一生，就像无根无底的浮萍，随波逐流，四海为家。

可不是吗？他这一辈子除了在桂林，始终没有自己的家。以前他在广州、在香港都是租人家的房子住；在上海时，虽有过一套小别墅，1948 年岁末去香港时，也出售给人家了。到美国后好不容易有了自己的房子，后来却因为家庭变故贱价把它卖掉了，只好栖身公寓。

人生尽头皆为空。

唯有根在中国，在桂林。

曾有人说过这样的话：

如果你爱他，就把他送到纽约去，因为那里是天堂；如果你恨他，就把他送到纽约去，因为那里是地狱。

从 1937 年负笈远去到 1993 年魂归西天，李幼邻在美国生活了整整半个多世纪。在这个迥然不同的国度里，李幼邻从广西临桂乡下走到太平洋彼岸，用自己的观察、自己的思维、自己的体会去认识、了解这个急遽变化的家庭和光怪陆离的社会。

先说说他家里的事吧！

他父亲刚到美国时，来访者络绎不绝，渐渐地就门庭冷落了，李宗仁便感到孤独、寂寞，日子难耐。而李幼邻则认为这是一件很正常的事情，过去在国内，父亲身居要职，无限风光，身边总有人围绕着他，随时可以呼风唤雨。刚到美国时，他还有中华民国的"代总统"这个头衔，当然还是一个风云人物。而当他什么也不是的时候，就是平头百姓，就是海外寓公，就是千千万万华侨中的普通一员。所以，人必须随遇而安。

李幼邻的女儿们则认为，她们并没有因为自己的爷爷当过副总统、"代总统"就感到了不起，上一辈是上一辈的事情，她们则是她们。她们不会去借爷爷的一时显赫来炫耀自己，更不会利用爷爷的各种关系与己便利、为己谋利。

由于李幼邻的特殊身份，他每次回国几乎都成了新闻人物，都成了新闻记者追逐的目标。但他说，他在美国几乎没有人会注意到他，更没有记者去报道他，倒是美国联邦调查局非常注意他，尤其是他头几次回中国的时候。

事实上，自1965年7月20日李宗仁飞抵北京后，美国联邦调查局就开始追查李宗仁与北京的"搭线人"了。那时，美国与东方的这个红色政权，仍处于一个没有外交关系的状态。不同的主义，不同的信仰，造成了不同的阵营。加上李宗仁在大陆溃败之前，曾倒向美国的民主党。而那时执政的共和党，当然想借机反击民主党了。所以，作为"李代总统"的儿子，当然免不了干系。

李幼邻说，他刚开始回国探亲返美时，一回到纽约，即刻就会有联邦调查局的官员来电话表示"问安"。起初他感到非常吃惊和意外，后来慢慢地也就不足为奇了。

有一次，李幼邻的一位朋友被美国联邦调查局找去问话，问他认不认识李幼邻。当他回答以后，调查局官员拿出了他与李幼邻在街上一起行走的照片，使他的这位朋友大吃一惊。联邦调查局无孔不入，实在厉害。

联邦调查局除了在电话上与李幼邻"打交道"外，李幼邻本人与联邦调查局的直接接触有三次。

他说，这些官员一般都比较客气，文明办事。见面时首先会亮出身份证，否则他可以拒绝见面。

李幼邻不怕这些官员，首先他觉得自己没有违反美国的法律，再说他也觉得美国还是一个比较讲民主、讲法制的国家。

"日久他乡即故乡。"李幼邻虽然在异域他乡度过了几十年时光，但从其谈吐中不难看出，他对东方的文明和中华民族传统的国粹，是倍加推崇和执着迷恋的，而对美国社会的一些现象难免露出微词。

# 归去来兮

1993年4月4日，李幼邻在美国溘然长逝。

这位一生善良、坚强、低调的名人之后，经过半个多世纪的飘零，终于清高、清白、清贫地离开了人世间。

虽说七十三、八十四，阎王不请自己去。但故乡的人们对李幼邻的突然故去，还是感到"无乃太匆忙"，甚至不相信这个已经无法挽回的事实。

因为在上一年的9月初，他料理完母亲的丧事后离开桂林时，虽是抱病之躯，但他谈笑自若，看上去精神也还不错，他自己还一再说明年清明节回来给母亲扫墓。

谁料归途竟通黄泉路。

人却无力回天。

谁能知道他今生今世，带着多少遗憾、多少后悔离去了。

1992年9月8日傍晚，李幼邻就要离开桂林返回美国了。他拜别了母亲的遗像，告别了桂林的亲友，离开了叠彩路一号李秀文故居。

我与幼邻先生一同前往机场。

一路上，幼邻先生有说有笑，兴致极高，但我也明显地注意到，他不停地咳嗽，说起话来有些吃力。

尽管如此，他还是喜形于色，谈笑风生。

他对我说，桂林是他的家，今后每年他都要回来住上一段时间。

他还对我说，明年清明节他要回来给他母亲扫墓。

他更对我说，明年他回来要"拜读"我写他的"大作"。

到机场后不久，他怕耽搁大家的休息时间，通过海关后就让我们先走了。

飞机原定是晚上八点起飞，可我们后来才得知，不知什么缘故，飞机午夜才离开桂林机场。他一个人在机场待了半宿，咳了半宿。

事后，我感到非常痛心，更感到遗憾：送站时为什么不仔细打听一下飞机起飞的时间呢？倘若知道晚点这么长的时间，我们也好多陪他聊一聊啊！

一位身患沉疴的老人，就如此出师不利地踏上了漫漫归途。

而此时，李幼邻的家人也都担心着他的健康。他的大女婿香灼玑在香港机场等了大半夜，尔后又陪他到洛杉矶小憩了一周，再后来才让他回到纽约。

桂林方面呢？桂林的亲人同样牵挂着幼邻先生的安康。

自从李幼邻离开桂林的这一刻起，他的表哥一家人掐着指头，数着日子，盼着消息，等着回音。然而，望穿了双眼，整整过了一百天，他们才收到李幼邻的来信。信写得很潦草，说他回去以后即住进了纽约医院，得到了很好的治疗。信中还说一个月后再回去复查，请桂林方面放心。

但桂林的亲友们哪能放得下心？

又两个月过去了，美国来信了。这回，信是由梁教授执笔的，来信报告了幼邻先生患肺癌，且已晚期的不幸消息。

此时，幼邻先生经过化疗后，人已经非常虚弱，他希望桂林方面派人前往美国帮忙、照料，并一再嘱咐桂林文物工作队的赵平先生要为他母亲建造墓地。

今生今世，李幼邻在这封信里留下了这位孝子的最后一次签名："李幼邻"。

李幼邻（前排右二）、梁教授（前排右三）与表哥一家人合影

正当桂林亲人准备派人前往美国之际，由梁教授执笔的第三封信又来了，说幼邻先生已经进入了昏迷状态；紧接着第四封信便报告了幼邻先生于 4 月 4 日去世的噩耗……

而桂林方面得到幼邻先生病逝的消息已是 5 月 1 日了。

"清明时节雨纷纷，路上行人欲断魂……"

幼邻先生啊！你可知清明节，本是一个令人惆怅、伤感的时节，也是寄托哀思、祭拜先祖的时节。你也曾答应说这个清明节要回桂林来给你母亲扫墓，怎么自己却在清明节的前一天就先走了呢？难道你真的到天国里与母亲团聚去了？难道你这潇洒的一生真的与世无争、与天地无求了吗？

从美国寄回来的照片中，我们看到李幼邻安详地躺在鲜花丛中，永远地离开我们而去了。珍妮以及女儿们为他举办了火葬、土葬和海葬三种仪式。我们也看到，陪伴着他走完人生最后之旅的梁教授用其真情、以中国人传统的美德为他送了终。

桂林市政协魏华龄、揭庭魁两位副主席得知李幼邻去世后，立即前往叠彩路一号，向李幼邻的表哥李嘉球和表嫂谭明，表达对幼邻先生的哀思。

民革桂林市委以及幼邻先生的生前友好也纷纷前往悼念。

湖北省老河口市政协向主席，听到消息后来信："得知李幼邻先生去世的消息，失去了一位为人诚恳、非常讲友情的远道朋友，深表悲痛！"

悲哉！痛哉！

没有新闻媒介的渲染报道，也没有任何组织形式的悼念活动，一切都保持着平静和自然。

李幼邻淡泊名利，远离官场，一生经商。

他既不愿仰人鼻息，也厌恶世胄摄高位。从而我行我素，自立自强。

他出身名门将后，但他从无人上人的优越感，始终把自己当作芸芸众生中的普通一分子。

他摒弃纨绔习气，反对铺张；他主张自食其力，一贯节俭。

他自尊、自重、自量。该得的，他会尽情分享；不该得的，他绝无半点杂念。

他平凡的如同植根于大地的小草，以自己的品格去显示春秋与枯荣。

他与母亲几十年相依为命，母子情，孝子心，他像一只随风飘荡、高高飞翔的风筝，长长的线儿始终连着故园与故土……

故乡明月在，何时彩云归？

魂兮，归来吧！